Seibold · Prüfungsvorbereitung Buchführung

Prüfungstraining für Steuerfachangestellte

Die Bücher der Reihe Prüfungstraining für Steuerfachangestellte richten sich an auszubildende Steuerfachangestellte, die sich auf die Prüfung vorbereiten. Die Bücher helfen Verständnislücken auf prüfungsrelevanten Gebieten zu schließen, bieten eigene Kontrollmöglichkeiten an und geben somit die erforderliche Sicherheit für das erfolgreiche Bestehen der Prüfung.

Bisher sind erschienen:

Prüfungsvorbereitung Buchführung
von Kurt Seibold

Mandantenorientierte Sachbearbeitung
von Sabine Dittrich

Abschlussprüfungen Steuerlehre, Rechnungswesen, Wirtschaftslehre
von WIN Team

Kurt Seibold

Prüfungsvorbereitung Buchführung

Aufgaben, die Sie unbedingt können sollten

Bibliografische Information Der Deutschen Bibliothek
Die Deutsche Bibliothek verzeichnet diese Publikation in der Deutschen Nationalbibliografie; detaillierte bibliografische Daten sind im Internet über <http://dnb.ddb.de> abrufbar.

www.gabler.de/seibold

1. Auflage April 2006

Lektorat: Dr. Riccardo Mosena

Der Gabler Verlag ist ein Unternehmen von Springer Science+Business Media.
www.gabler.de

Umschlaggestaltung: Ulrike Weigel, www.CorporateDesignGroup.de
Druck und buchbinderische Verarbeitung: Wilhelm & Adam, Heusenstamm
Gedruckt auf säurefreiem und chlorfrei gebleichtem Papier

ISBN-10 3-8349-0126-1
ISBN-13 978-3-8349-0126-2

Vorwort

Will man in einer Prüfung erfolgreich sein, dann muss man die grundlegenden Sachverhalte beherrschen. Im Fach Rechnungswesen sind dies hauptsächlich Geschäftsvorfälle, die es unter Berücksichtigung steuerlicher Vorschriften richtig zu buchen gilt. Solche Fälle finden Sie in diesem Buch. Aus 17 Themenbereichen sind die Aufgaben ausgewählt, die angehende Steuerfachangestellte unbedingt können sollten.

Durch praktisches Lösen der Fälle können Sie sich mit dem Stoff vertraut machen. Die ausführlichen Erklärungen, in denen besonderer Wert auf eine umfassende steuer- und handelsrechtliche Erläuterung gelegt wird, sollen Ihnen das Verständnis der anspruchsvollen Sachverhalte erleichtern.

In dieser Aufgabensammlung habe ich versucht, alle möglichen für Steuerfachangestellte relevanten Fälle aufzunehmen. Dennoch kann es sein, dass der ein oder andere wichtige Sachverhalt unberücksichtigt geblieben ist. Wenn Sie mir über den Gabler Verlag mitteilen, wozu Sie sich noch Aufgaben wünschen, kann ich Ihnen entsprechende Fälle mit Lösungen liefern. Für entsprechende Anregungen bedanke ich mich schon im Voraus.

Den Buchungen wurden die am häufigsten in der Praxis anzutreffenden DATEV-Kontenrahmen, nämlich der SKR03 und SKR04, zu Grunde gelegt, wobei zuerst die Kontonummer aus dem SKR03 und dann die aus dem SKR04 angegeben ist. Mein Dank gilt deshalb der DATEV eG, Nürnberg, die einem Abdruck der Auszüge aus diesen Kontenrahmen zugestimmt hat.

Genug der einleitenden Worte, nun wünsche ich Ihnen viel Spaß und Erfolg beim Lösen der Aufgaben.

Altenstadt/WN, im November 2005 Kurt Seibold

Inhaltsverzeichnis

1. Sonderfälle beim Ein- und Verkauf

1. Eine Handelswarenrechnung über 23.200,00 EUR haben wir 10 Tage nach Rechnungsstellung unter Abzug von 3 % Skonto beglichen und entsprechend gebucht, obwohl ein Skontoabzug nur bei einer Zahlung innerhalb von 8 Tagen erlaubt gewesen wäre. Nehmen Sie die Buchung vor, nachdem uns unser Lieferer auf unser Fehlverhalten hingewiesen hat!

Lösung:

Da die Verbindlichkeiten in voller Höhe ausgebucht worden sind, erhöhen sich diese wieder um den unberechtigt in Anspruch genommenen Skonto in Höhe von 3 % von 23.200,00 EUR = 696,00 EUR. Ferner sind die Skontobuchung und die Vorsteuerberichtigung zu stornieren:

Konto	Soll	Haben
3700/5700 Nachlässe	600,00	
1570/1400 Abziehbare Vorsteuer	96,00	
1610/3310 Verbindlichkeiten aus LuL		696,00

2. Wie Aufgabe 1, wir haben rechtzeitig überwiesen, statt der erlaubten 2 % aber 3 % Skonto abgezogen.

Lösung:

Da die Verbindlichkeiten in voller Höhe ausgebucht worden sind, erhöhen sich diese wieder um den unberechtigt in Anspruch genommenen Skonto in Höhe von 1 % von 23.200,00 EUR = 232,00 EUR. Ferner sind die Skontobuchung und die Vorsteuerberichtigung entsprechend abzuändern:

Konto	Soll	Haben
3700/5700 Nachlässe	200,00	
1570/1400 Abziehbare Vorsteuer	32,00	
1610/3310 Verbindlichkeiten aus LuL		232,00

3. Eine Rohstoffrechnung über 30.000,00 EUR + 16 % USt 4.800,00 EUR = 34.800,00 EUR wird von uns ordnungsgemäß gebucht. Bei näherer Überprüfung stellen wir jedoch fest, dass uns der zugesagte Rabatt in Höhe von 25% nicht abgezogen worden ist. Bei unserer Überweisung unter Abzug von 2 % Skonto berücksichtigen wir diesen Fehler und weisen den Lieferanten gleichzeitig auf seinen Irrtum hin.

Lösung:

Auf den Überweisungsbetrag kommen Sie mithilfe folgender Rechnung:

Listenpreis	30.000,00 EUR
./. Rabatt 25 %	7.500,00 EUR
Zieleinkaufspreis	22.500,00 EUR
./. Skonto 2 %	450,00 EUR
Bareinkaufspreis	22.050,00 EUR
+ USt 16 %	3.528,00 EUR
Überweisung	25.578,00 EUR

Rabatt und Skonto stellen eine Minderung der Anschaffungskosten gem. § 255 Abs. 1 Satz 3 HGB dar, wobei der Rabatt auf Konto 3000/5100 und der Skonto auf Konto 3700/5700 gebucht wird. Wegen der Änderung der umsatzsteuerlichen Bemessungsgrundlage ist eine Berichtigung der Vorsteuer gem. § 17 Abs. 1 Satz 2 UStG in Höhe von 16 % von 7.950,00 EUR (7.500,00 EUR Rabatt + 450,00 EUR Skonto) vorzunehmen:

Konto	Soll	Haben
1610/3310 Verbindlichkeiten aus LuL	34.800,00	
3000/5100 Einkauf von RHB-Stoffen		7.500,00
3700/5700 Nachlässe		450,00
1570/1400 Abziehbare Vorsteuer		1.272,00
1200/1800 Bank		25.578,00

4. Auf unserem Bankkonto werden 34.684,00 EUR gutgeschrieben. Es handelt sich um die Überweisung eines Kunden, der eine Rechnung für gelieferte Fertigerzeugnisse unter Abzug von 2 % Skonto beglichen hat. Der Rechnungsbetrag enthält nicht skontierfähige Frachtkosten in Höhe von 580,00 EUR (brutto, 16 % USt). Buchen Sie den Zahlungseingang!

Lösung:

Der Überweisungsbetrag setzt sich aus Forderungen zusammen, von denen Skonto abgezogen worden ist (skontierfähige), und solche, von denen kein Abzug vorgenommen worden ist (nicht skontierfähige). Um auf den Rechnungsbetrag zu kommen, müssen Sie zunächst die nicht skontierfähigen Forderungen abziehen, um auf die auf die skontierfähigen vor Abzug von Skonto hochrechnen zu können. Zum Schluss werden die abgezogenen skontierfähigen Forderungen wieder addiert, wie sich aus der folgenden Rechnung entnehmen lässt:

Überweisung	34.684,00 EUR
./. nicht skontierfähig	580,00 EUR
skontierfähig ohne Skonto 98 %	34.104,00 EUR
+ Skonto 2 %	696,00 EUR
skontierfähig mit Skonto 100 %	34.800,00 EUR
+ nicht skontierfähig	580,00 EUR
Rechnungsbetrag	35.380,00 EUR

Da sich durch den Skontoabzug die Bemessungsgrundlage ändert, ist gem. § 17 Abs. 1 Satz 1 UStG eine Berichtigung der Umsatzsteuer vorzunehmen:

Konto	Soll	Haben
1200/1800 Bank	34.684,00	
8700/4700 Erlösschmälerungen	600,00	
1770/3800 Umsatzsteuer	96,00	
1410/1210 Forderungen aus LuL		35.380,00

5. Ein Unternehmer aus Augsburg (dt. USt-IdNr.) bezieht Waren auf Ziel von einem italienischen Unternehmer (ital. USt-IdNr.) im Wert von netto 20.000,00 EUR. Zusätzlich werden ihm Fracht in Höhe von 400,00 EUR in Rechnung gestellt.

Lösung:

Die Anschaffungskosten der Waren betragen gem. § 255 Abs. 1 HGB unter Berücksichtigung der Anschaffungsnebenkosten 20.400,00 EUR. Da hier ein deutscher Unternehmer unter Verwendung seiner deutschen USt-IdNr. von einem italienischen Unternehmer mit italienischer USt-IdNr. Waren kauft, liegt ein innergemeinschaftlicher Erwerb gem. § 1a Abs. 1 UStG vor. Dieser gilt gem. § 3d UStG in Augsburg ausgeführt, weshalb der Vorgang in Deutschland steuerbar gem. § 1 Abs. 1 Nr. 5 UStG ist. Die Umsatzsteuer in Höhe von 16 % von 20.400,00 EUR = 3.264,00 EUR entsteht gem. § 13 Abs. 1 Nr. 6 UStG mit Ausstellung der Rechnung. Gleichzeitig darf gem. § 15 Abs. 1 Nr. 3 UStG die Umsatzsteuer als Vorsteuer abgezogen werden.

Buchhalterisch erfolgt die Lösung in zwei Buchungssätzen. Zunächst werden die vom italienischen Lieferer, für den es sich um eine steuerfreie innergemeinschaftliche Lieferung handelt, in Rechnung gestellten Anschaffungskosten gebucht:

Konto	Soll	Haben
3425/5425 Innergemeinschaftlicher Erwerb	20.400,00	
1610/3310 Verbindlichkeiten aus LuL		20.400,00

Den Abschluss bildet ein Buchungssatz mit Umsatz- und Vorsteuer:

Konto	Soll	Haben
1572/1402 Abziehbare Vorsteuer aus ig Erwerb	3.264,00	
1772/3802 Umsatzsteuer aus ig Erwerb		3.264,00

6. Ein Weidener Unternehmer (dt. USt-IdNr.) bezahlt die Rechnung eines italienischen Unternehmers (it. USt-IdNr.) unter Abzug von 3 % Skonto; Überweisungsbetrag: 58.200,00 EUR.

Lösung:

Es handelt sich um die Begleichung eines innergemeinschaftlichen Erwerbs unter Abzug von Skonto. Dadurch kommt es zu einer Minderung der Anschaffungskosten gem. § 255 Abs. 1 S. 3 HGB. Dies führt gleichzeitig zu einer Änderung der Bemessungsgrundlage gem. § 17 Abs. 1 UStG in der Umsatzsteuer. Da bei einem innergemeinschaftlichen Erwerb sowohl Umsatzsteuer als auch Vorsteuer entstehen, müssen auch beide berichtigt werden. Die Lösung erfolgt in zwei Buchungssätzen. Zunächst die Überweisungsbuchung:

Konto	Soll	Haben
1610/3310 Verbindlichkeiten aus LuL	60.000,00	
1200/1800 Bank		58.200,00
3725/5725 Nachlässe aus ig Erwerb		1.800,00

Abschließend werden noch die Umsatzsteuer und die Vorsteuer berichtigt. Die Berichtigung beträgt 16 % des Skontoabzugs, also 16 % von 1.800,00 EUR = 288,00 EUR:

Konto	Soll	Haben
1772/3802 Umsatzsteuer aus ig Erwerb	288,00	
1572/1402 Abziehbare Vorsteuer aus ig Erwerb		288,00

7. Ein Unternehmer aus Regensburg (dt. USt-IdNr.) verkauft Handelswaren auf Ziel an einen Unternehmer in Paris (franz. USt-IdNr.) im Wert von netto 50.000,00 EUR. Der Regensburger befördert die Waren mit eigenem Lkw nach Frankreich.

Lösung:

Bei dem Verkauf der Handelswaren durch den Regensburger Unternehmer mit deutscher USt-IdNr. an den Unternehmer in Paris mit französischer USt-IdNr. handelt es sich aus umsatzsteuerlicher Sicht um eine Lieferung gem. § 3 Abs. 1 UStG. Diese bewegte Lieferung gem. § 3 Abs. 6 UStG gilt als in Regensburg ausgeführt und ist somit gem. § 1 Abs. 1 Nr. 1 UStG im Inland steuerbar. Da es sich dabei um eine innergemeinschaftliche Lieferung i.S.d. § 6a Abs. 1 UStG handelt, ist dieser Vorgang in der Umsatzsteuer gem. § 4 Nr. 1 b) UStG steuerfrei, d. h., es fällt keine Umsatzsteuer an. Die Buchung ist deshalb ganz einfach:

Konto	Soll	Haben
1410/1210 Forderungen aus LuL	50.000,00	
8125/4125 steuerfreie ig Lieferungen		50.000,00

8. Der Franzose (siehe Aufgabe 7) bezahlt die Rechnung unter Abzug von 3 % Skonto. Auf dem Bankkonto des Regensburger Unternehmers werden 48.500,00 EUR gutgeschrieben.

Lösung:

Da es sich um die Begleichung einer steuerfreien innergemeinschaftlichen Lieferung unter Abzug von Skonto handelt, hat dieser Sachverhalt keine umsatzsteuerlichen Auswirkungen. Die Buchung lautet deshalb:

Konto	Soll	Haben
1200/1800 Bank	48.500,00	
8724/4724 Erlösschmälerungen stfr. ig Lieferungen	1.500,00	
1410/1210 Forderungen aus LuL		50.000,00

9. Ein Unternehmer aus Weiden (dt. USt-IdNr.) hat Handelswaren auf Ziel an einen Unternehmer aus Pilsen (tschech. USt-IdNr.) im Wert von 30.000,00 EUR verkauft. Postwendend schickt der Kunde 20 % der Lieferung zurück, da dieser Teil der Warensendung Mängel aufweist. 10 Tage nach Lieferung begleicht der tschechische Geschäftspartner den verminderten Rechungsbetrag unter Abzug von 3 % Skonto. Buchen Sie die Rücksendung und die Begleichung der Rechnung.

Lösung:

Der Verkauf an den tschechischen Unternehmer stellt eine Lieferung gem. § 3 Abs. 1 UStG dar. Diese gilt gem. § 3 Abs. 6 UStG als in Weiden ausgeführt und ist somit steuerbar gem. § 1 Abs. 1 Nr. 1 UStG. Da es sich um eine innergemeinschaftliche Lieferung gem. § 6a Abs. 1 UStG handelt, ist dieser Vorgang laut § 4 Nr. 1 b) UStG in der Umsatzsteuer steuerfrei. Die Rücksendung im Wert von 20 % von 30.000,00 EUR = 6.000,00 EUR hat deshalb keine umsatzsteuerlichen Auswirkungen:

Konto	Soll	Haben
8125/4125 steuerfreie ig Lieferungen	6.000,00	
1410/1210 Forderungen aus LuL		6.000,00

Gleiches gilt für die Begleichung des Rechnungsbetrages unter Abzug von Skonto, wobei sich der Überweisungsbetrag wie folgt errechnet:

Rechnungsbetrag	30.000,00 EUR
./. Rücksendung	6.000,00 EUR
	24.000,00 EUR
./. Skonto 3 %	720,00 EUR
Überweisungsbetrag	23.280,00 EUR

Die Buchung lautet deshalb:

Konto	Soll	Haben
1200/1800 Bank	23.280,00	
8724/4724 Erlösschmälerungen stfr. ig Lieferungen	720,00	
1410/1210 Forderungen aus LuL		24.000,00

10. Ein Unternehmer aus Weiden bezieht aus Russland Handelswaren im Wert von netto 20.000,00 EUR auf Ziel. Für Verpackung und Fracht werden ihm 200,00 EUR in Rechnung gestellt. Den fälligen Einfuhrzoll in Höhe von 10 % und die Einfuhrumsatzsteuer bezahlt er durch Bankscheck.

Lösung:

Wenn ein deutsches Unternehmen aus einem so genannten Drittland Waren bezieht, dann liegt eine steuerbare und steuerpflichtige Einfuhr vor. Die Steuerbarkeit ergibt sich aus § 1 Abs. 1 Nr. 4 UStG. Die anfallende Einfuhrumsatzsteuer ist beim Zoll zu entrichten. In der Rechnung des russischen Unternehmers erscheint jedoch keine Umsatzsteuer, weshalb netto zu buchen ist. Zu den Anschaffungskosten i. S. d. § 255 Abs. 1 HGB zählen auch die Anschaffungsnebenkosten Verpackung und Beförderung. Beim Rechnungseingang ist deshalb folgender Buchungssatz zu bilden:

Konto	Soll	Haben
3200/5200 Wareneingang	20.000,00	
3800/5800 Bezugsnebenkosten	200,00	
1610/3310 Verbindlichkeiten aus LuL		20.200,00

Bemessungsgrundlage für die Einfuhrumsatzsteuer ist gem. § 11 Abs. 1 UStG der Zollwert, der den reinen Warenwert und die Anschaffungsnebenkosten umfasst. Laut § 11 Abs. 3 Nr. 2 UStG ist diesem Wert des Weiteren der Zoll hinzurechnen. Die Bemessungsgrundlage lässt sich somit wie folgt ermitteln:

Warenwert	20.000,00 EUR
Verpackung, Beförderung	200,00 EUR
Zollwert	20.200,00 EUR
Zoll 10 %	2.020,00 EUR
Bemessungsgrundlage	22.220,00 EUR

Gem. § 15 Abs. 1 Nr. 4 UStG darf die entrichtete Einfuhrumsatzsteuer in Höhe von 16 % von 22.220,00 EUR = 3.555,20 EUR als Vorsteuer abgezogen werden. Der gezahlte Zoll gehört zu den Anschaffungsnebenkosten der gekauften Waren:

Konto	Soll	Haben
1588/1433 Bezahlte Einfuhrumsatzsteuer	3.555,20	
3800/5800 Bezugsnebenkosten	2.020,00	
1200/1800 Bank		5.575,20

11. Ein Unternehmer aus Weiden verkauft an einen Kunden in Neuseeland Fertigerzeugnisse für 28.000,00 EUR (netto) auf Ziel.

Lösung:

Der Verkauf an den Kunden aus Neuseeland stellt eine Lieferung gem. § 3 Abs. 1 UStG dar. Diese gilt gem. § 3 Abs. 6 UStG als in Weiden ausgeführt und ist somit steuerbar gem. § 1 Abs. 1 Nr. 1 UStG. Da es sich um eine Ausfuhrlieferung gem. § 6 Abs. 1 UStG handelt, ist dieser Vorgang laut § 4 Nr. 1 a) UStG in der Umsatzsteuer steuerfrei, d. h., es fällt keine Umsatzsteuer an. Die Buchung ist deshalb ganz einfach:

Konto	Soll	Haben
1410/1210 Forderungen aus LuL	28.000,00	
8120/4120 steuerfreie Umsätze § 4 Nr. 1 a) UStG		28.000,00

12. Ein Unternehmer aus Weiden (dt. USt-IdNr.) verkauft Waren an einen Abnehmer aus Frankreich (frz. USt-IdNr.) auf Ziel. Die Rechnung lautet insgesamt über 15.000,00 EUR. Die Lieferung erfolgt in das Lager des Abnehmers nach Freiburg.

Lösung:

Der Verkauf der Waren stellt eine Lieferung gem. § 3 Abs. 1 UStG dar. Ort der Lieferung ist laut § 3 Abs. 6 UStG Weiden, weshalb der Vorgang steuerbar gem. § 1 Abs. 1 Nr. 1 UStG ist. Da sich die verkauften Waren am Ende der Beförderung im Inland befinden, liegt keine innergemeinschaftliche Lieferung gem. § 6a Abs. 1 UStG vor, weshalb der Verkauf steuerpflichtig ist. Bemessungsgrundlage ist gem. § 10 Abs. 1 UStG das Entgelt, d. h., der Rechnungspreis abzüglich der Umsatzsteuer, im obigen Fall also 12.931,03 EUR (100/116 von 15.000,00 EUR). Die Umsatzsteuer entsteht bei einem Sollversteuer gem. § 13 Abs. 1 Nr. 1 a) UStG mit Ablauf des Voranmeldungszeitraums, in dem die Lieferung ausgeführt worden ist. Die Buchung lautet deshalb:

Konto	Soll	Haben
1410/ 1210 Forderungen aus LuL	15.000,00	
8000/4000 Umsatzerlöse		12.931,03
1770/3800 Umsatzsteuer		2.068,97

13. Ein Unternehmer aus Tirschenreuth (deutsche USt-IdNr.) sendet Waren mit einem Wert von 400,00 EUR zurück, die er gestern von einem Unternehmer aus Ungarn (ungar. USt-IdNr.) erhalten und noch nicht bezahlt hat. Buchen Sie die Rücksendung.

Lösung:

Bei dem ursprünglichen Kauf handelt es sich um einen innergemeinschaftlichen Erwerb gem. § 1a Abs. 1 UStG, der für den Lieferer aus Ungarn eine steuerfreie innergemeinschaftliche Lieferung dargestellt hat. Deshalb hat ihm der Tirschenreuther Unternehmer auch nur den Nettobetrag geschuldet. Durch die Rücksendung mindern sich die Anschaffungskosten i.S.d. § 255 Abs. 1 HGB. Dies führt gleichzeitig zu einer Änderung der Bemessungsgrundlage gem. § 17 Abs. 1 UStG in der Umsatzsteuer. Da bei einem innergemeinschaftlichen Erwerb sowohl Umsatzsteuer als auch Vorsteuer entstehen, müssen auch beide berichtigt werden. Die Lösung erfolgt in zwei Buchungssätzen. Zunächst die Buchung der Rücksendung:

Konto	Soll	Haben
1610/3310 Verbindlichkeiten aus LuL	400,00	
3425/5425 Innergemeinschaftlicher Erwerb		400,00

Abschließend werden noch die Umsatzsteuer und die Vorsteuer berichtigt. Die Berichtigung beträgt 16 % des Werts der zurückgesandten Waren, also 16 % von 400,00 EUR = 64,00 EUR:

Konto	Soll	Haben
1772/3802 Umsatzsteuer aus ig Erwerb	64,00	
1572/1402 Abziehbare Vorsteuer aus ig Erwerb		64,00

2. Anzahlungen

14. Am 16. Dezember überweist ein Kunde eine Anzahlung über 46.400,00 EUR auf unser Bankkonto, eine Rechnung mit Steuerausweis stellen wir ihm nicht aus.

Lösung:

Gem. § 13 Abs. 1 Nr. 1 a) S. 4 UStG entsteht die Umsatzsteuer, wenn das Entgelt oder ein Teilentgelt vereinnahmt wird, bevor die Leistung ausgeführt worden ist, schon mit Ablauf des Voranmeldungszeitraums, in dem das Entgelt oder Teilentgelt vereinnahmt ist. Für einen Monatszahler ist es im obigen Fall der Voranmeldungszeitraum Dezember. Bemessungsgrundlage gem. § 10 Abs. 1 UStG ist die um die darin enthaltene Umsatzsteuer geminderte Anzahlung.

Die Buchung am 16. Dezember lautet deshalb:

Konto	Soll	Haben
1200/1800 Bank	46.400,00	
1710/3250 Erhaltene Anzahlungen		40.000,00
1770/3800 Umsatzsteuer		6.400,00

15. Wir erhielten von einem Kunden eine Anzahlung über 2.320,00 EUR bar. Es sollen in zwei Monaten Handelswaren (16 %) geliefert werden. Der Kunde ist kein Unternehmer. Wir stellten ihm eine Quittung aus. Folgende Buchung wurde vorgenommen:

1000/1600	**2.320,00**	
1710/3250		**2.320,00**

Lösung:

Gem. § 13 Abs. 1 Nr. 1 a) S. 4 UStG entsteht die Umsatzsteuer, wenn das Entgelt oder ein Teilentgelt vereinnahmt wird, bevor die Leistung ausgeführt worden ist, schon mit Ablauf des Voranmeldungszeitraums, in dem das Entgelt oder Teilentgelt vereinnahmt ist. Dabei spielt es keine Rolle, ob der Kunde Unternehmer oder eine Privatperson ist. Bemessungsgrundlage gem. § 10 Abs. 1 UStG ist die um die darin enthaltene Umsatzsteuer geminderte Anzahlung. Deshalb muss die bereits vorgenommene Buchung derart berichtigt werden, dass nun auch die Umsatzsteuer berücksichtigt ist. Daher ist folgende Richtigstellung erforderlich:

Konto	Soll	Haben
1710/3250 Erhaltene Anzahlungen	320,00	
1770/3800 Umsatzsteuer		320,00

16. Die Lieferung der Waren (Fall 1) erfolgt am 3. April. Wir legen folgende Endabrechnung vor:

Warenwert	50.000,00 EUR
+ 16 % USt	8.000,00 EUR
./. Anzahlung	46.400,00 EUR
Restforderung	11.600,00 EUR

Lösung:

Zunächst buchen Sie den Rechnungsausgang so, als wäre keine Anzahlung geleistet worden. Der Verkauf unterliegt der Umsatzsteuer, wobei der Nettoverkaufserlös die Bemessungsgrundlage gem. § 10 Abs. 1 UStG darstellt. Die Umsatzsteuer entsteht gem. § 13 Abs. 1 Nr. 1 a) UStG bei der Berechnung der Steuer nach vereinbarten Entgelten für einen Monatszahler im Monat des Verkaufs, also im April. Deshalb lautet die Verkaufsbuchung:

Konto	Soll	Haben
1410/1210 Forderungen aus LuL	58.000,00	
8000/4000 Umsatzerlöse		50.000,00
1770/3800 Umsatzsteuer		8.000,00

Anschließend buchen Sie die Anzahlung (einschließlich damals entstandener Umsatzsteuer) wieder aus:

Konto	Soll	Haben
1710/3250 Erhaltene Anzahlungen	40.000,00	
1770/3800 Umsatzsteuer	6.400,00	
1410/1210 Forderungen aus LuL		46.400,00

17. Abwandlung der Aufgabe 3
Die Lieferung der Waren (Fall 1) erfolgt am 3. April. Wir legen folgende Endabrechnung vor:

Warenwert	36.000,00 EUR
+ 16 % USt	5.760,00 EUR
./. Anzahlung	46.400,00 EUR
Verrechnung mit nächster Lieferung	4.640,00 EUR

Lösung:

Zunächst buchen Sie den Rechnungsausgang so, als wäre keine Anzahlung geleistet worden. Der Verkauf unterliegt der Umsatzsteuer, wobei der Nettoverkaufserlös die Bemessungsgrundlage gem. § 10 Abs. 1 UStG darstellt. Die Umsatzsteuer entsteht gem. § 13 Abs. 1 Nr. 1 a) UStG bei der Berechnung der Steuer nach vereinbarten Entgelten für einen Monatszahler im Monat des Verkaufs, also im April. Deshalb lautet die Verkaufsbuchung:

Konto	Soll	Haben
1410/1210 Forderungen aus LuL	41.760,00	
8000/4000 Umsatzerlöse		36.000,00
1770/3800 Umsatzsteuer		5.760,00

Anschließend buchen Sie die Anzahlung (einschließlich damals entstandener Umsatzsteuer) wieder aus. In diesem Fall ist jedoch die Anzahlung höher als die tatsächliche Lieferung, weshalb der überzahlte Betrag eine sonstige Verbindlichkeit gegenüber dem Kunden darstellt.

Konto	Soll	Haben
1710/3250 Erhaltene Anzahlungen	40.000,00	
1770/3800 Umsatzsteuer	6.400,00	
1410/1210 Forderungen aus LuL		41.760,00
1700/3500 Sonstige Verbindlichkeiten		4.640,00

18. Am 11. Dezember leisten wir per Bank eine Anzahlung über 45.240,00 EUR. Eine Rechnung mit gesondertem Steuerausweis liegt vor.

Lösung:

Da eine Rechnung mit gesondertem Steuerausweis vorliegt und eine Anzahlung geleistet worden ist, kann gem. § 15 Abs. 1 Nr. 1 S. 3 UStG die Vorsteuer schon abgezogen werden, obwohl die Leistung noch nicht ausgeführt worden ist.

Konto	Soll	Haben
1510/1180 Geleistete Anzahlungen auf Vorräte	39.000,00	
1570/1400 Abziehbare Vorsteuer	6.240,00	
1200/1800 Bank		45.240,00

19. Wir leisten per Bank eine Anzahlung an einen Lieferanten. Er schickt uns folgende ordnungsgemäße Rechnung zu: 2.000,00 EUR + 320,00 EUR (16 % USt) = 2.320,00 EUR. Wir haben gebucht:

1510/1180	**2.320,00**	
1200/1800		**2.320,00**

Lösung:

Da eine Rechnung mit gesondertem Steuerausweis vorliegt und eine Anzahlung geleistet worden ist, kann gem. § 15 Abs. 1 Nr. 1 S. 3 UStG die Vorsteuer schon abgezogen werden, obwohl die Leistung noch nicht ausgeführt worden ist. Die bereits vorgenommene Buchung ist deshalb richtig zu stellen:

Konto	Soll	Haben
1570/1400 Abziehbare Vorsteuer	320,00	
1510/1180 Geleistete Anzahlungen auf Vorräte		320,00

20. Wir leisten eine Anzahlung über 16.240,00 EUR bar. Eine Rechnung mit gesondertem Steuerausweis liegt nicht vor. Es wurde gebucht:

1510/1180	**14.000,00**	
1570/1400	**2.240,00**	
1000/1600		**16.240,00**

Lösung:

Wenn keine Rechnung mit gesondertem Steuerausweis vorliegt, dann ist auch ein Vorsteuerabzug gem. § 15 Abs. 1 Nr. 1 S. 3 UStG nicht möglich. Die obige falsche Buchung muss deshalb korrigiert werden:

Konto	Soll	Haben
1510/1180 Geleistete Anzahlungen auf Vorräte	2.240,00	
1570/1400 Abziehbare Vorsteuer		2.240,00

21. Wir erhalten die Handelswaren (Fall 5) am 12. Februar. Der Lieferer unterbreitet uns folgende Abrechnung:

Warenwert	54.000,00 EUR
+ 16 % USt	8.640,00 EUR
./. Anzahlung	45.240,00 EUR
Restverbindlichkeit	17.400,00 EUR

Lösung:

Zunächst buchen Sie den Rechnungseingang so, als wäre keine Anzahlung geleistet worden. Der Nettoeinkaufspreis stellt Anschaffungskosten gem. § 255 Abs. 1 HGB dar und wird auf Wareneingang gebucht. Die in der Rechnung gesondert ausgewiesene Vorsteuer ist gem. § 15 Abs. 1 Nr. 1 UStG abziehbar:

Konto	Soll	Haben
3200/5200 Wareneingang	54.000,00	
1570/1400 Abziehbare Vorsteuer	8.640,00	
1610/3310 Verbindlichkeiten aus LuL		62.640,00

Anschließend buchen Sie die Anzahlung (einschließlich der damals abgezogenen Vorsteuer) wieder aus:

Konto	Soll	Haben
1610/3310 Verbindlichkeiten aus LuL	45.240,00	
1510/1180 Geleistete Anzahlungen auf Vorräte		39.000,00
1570/1400 Abziehbare Vorsteuer		6.240,00

22. Abwandlung der Aufgabe 8:

Wir erhalten die Handelswaren (Fall 5) am 12. Februar. Der Lieferer unterbreitet uns folgende Abrechnung:

Warenwert	38.000,00 EUR
+ 16 % USt	6.080,00 EUR
./. Anzahlung	45.240,00 EUR
Verrechnung mit nächster Lieferung	1.160,00 EUR

Lösung:

Zunächst buchen Sie den Rechnungseingang so, als wäre keine Anzahlung geleistet worden. Der Nettoeinkaufspreis stellt Anschaffungskosten gem. § 255 Abs. 1 HGB dar und wird auf Wareneingang gebucht. Die in der Rechnung gesondert ausgewiesene Vorsteuer ist gem. § 15 Abs. 1 Nr. 1 UStG abziehbar:

Konto	Soll	Haben
3200/5200 Wareneingang	38.000,00	
1570/1400 Abziehbare Vorsteuer	6.080,00	
1610/3310 Verbindlichkeiten aus LuL		44.080,00

Anschließend buchen Sie die Anzahlung (einschließlich der damals abgezogenen Vorsteuer) wieder aus. In diesem Fall ist jedoch die Anzahlung höher als die tatsächliche Lieferung, weshalb der überzahlte Betrag eine sonstige Forderung gegenüber dem Lieferer darstellt.

Konto	Soll	Haben
1610/3310 Verbindlichkeiten aus LuL	44.080,00	
1510/1180 Geleistete Anzahlungen auf Vorräte		39.000,00
1570/1400 Abziehbare Vorsteuer		6.240,00
1500/1300 Sonstige Vermögensgegenstände	1.160,00	

23. Wir leisten per Banküberweisung eine Anzahlung für eine neue Maschine, die in zwei Monaten geliefert werden soll. Der Lieferer stellt uns folgende Rechnung aus:

Anzahlung (netto) 30.000,00 EUR + 16 % USt 4.800,00 EUR = 34.800,00 EUR

Lösung:

Da eine Rechnung mit gesondertem Steuerausweis vorliegt und eine Anzahlung geleistet worden ist, kann gem. § 15 Abs. 1 Nr. 1 S. 3 UStG die Vorsteuer schon abgezogen werden, obwohl die Leistung noch nicht ausgeführt worden ist. Bei diesem Fall ist zu beachten, dass es sich nun um eine Anzahlung für eine Maschine handelt:

Konto	Soll	Haben
0299/0700 Geleistete Anzahlungen (Maschinen)	30.000,00	
1570/1400 Abziehbare Vorsteuer	4.800,00	
1200/1800 Bank		34.800,00

3. Bewegliches Anlagevermögen und Software

24. Zum 15. August verkauften wir eine alte Maschine für 12.000,00 EUR + 1.920,00 EUR USt = 13.920,00 EUR gegen Bankscheck. Der Buchwert dieser Maschine zum 31. Dezember letzten Jahres war 16.326,00 EUR, die Anschaffungskosten haben bei Kauf vor 6 Jahren 80.000,00 EUR betragen. Wir haben die degressive AfA angewandt und legten eine Nutzungsdauer von zehn Jahren zugrunde. Buchen Sie den Verkauf zum 15. August!

Lösung:

Zunächst ist für den Zeitraum, in dem die verkaufte Maschine in diesem Jahr noch betrieblich genutzt worden ist, die AfA zu buchen. Da das Wirtschaftsgut vor 6 Jahren, d. h. vor 2001 angeschafft worden ist, beträgt der degressive AfA-Satz gem. § 7 Abs. 2 EStG noch das Dreifache des linearen AfA-Satzes gem. § 7 Abs. 1 EStG. Somit ergibt sich folgende Rechnung:

100 % : 10 Jahre = 10 % x 3 = 30 %.

Die degressive AfA wird vom Restbuchwert in Höhe von 16.326,00 EUR berechnet, weshalb die AfA für das Jahr des Verkaufs folgendermaßen ermittelt wird:

30 % von 16.326,00 EUR = 4.898,00 EUR, davon 8/12 = 3.266,00 EUR.

Die Buchung der AfA lautet:

Konto	Soll	Haben
4830/6220 Abschreibungen auf Sachanlagen	3.266,00	
0210/0440 Maschinen		3.266,00

Nun gilt es zu ermitteln, ob beim Verkauf der Maschine ein Gewinn oder ein Verlust erzielt wurde. Dies geschieht an Hand eines Vergleiches des Restbuchwerts mit dem Nettoverkaufserlös.

Buchwert 31. Dezember 2004	16.326,00 EUR
./. AfA 15. August 2005	3.266,00 EUR
Restbuchwert	13.060,00 EUR

Da der Nettoverkaufserlös in Höhe von 12.000,00 EUR niedriger als der Restbuchwert ist, liegt ein Verlust vor. Der Verkauf unterliegt der Umsatzsteuer, wobei der Nettoverkaufserlös die Bemessungsgrundlage gem. § 10 Abs. 1 UStG darstellt. Die Umsatzsteuer entsteht gem. § 13 Abs. 1 Nr. 1 a) UStG bei der Berechnung der Steuer nach vereinbarten Entgelten für einen Monatszahler im Monat des Verkaufs, also im August. Deshalb lautet die Verkaufsbuchung:

Konto	Soll	Haben
1200/1800 Bank	13.920,00	
8801/6885 Erlöse aus Verk. AV (Verlust)		12.000,00
1770/3800 Umsatzsteuer		1.920,00

Zum Schluss wird auf dem Konto Maschinen noch der Restbuchwert ausgebucht:

Konto	Soll	Haben
2310/6895 Anlagenabgänge (bei Verlust)	13.060,00	
0210/0440 Maschinen		13.060,00

25. Am 15. Juli wurde eine neue Maschine gekauft, Anschaffungskosten 15.000,00 EUR, Nutzungsdauer voraussichtlich 3 Jahre. Buchen Sie die höchstmögliche Abschreibung zum 31. Dezember!

Lösung:

Der lineare AfA-Satz beträgt gem. § 7 Abs. 1 EStG 100 % : 3 Jahre = 33 1/3 %. Damit liegt er über dem maximalen degressiven Satz gem. § 7 Abs. 2 EStG in Höhe von 20 %, weshalb linear abgeschrieben wird. Die AfA wird im Jahr des Kaufs somit folgendermaßen ermittelt:

33 1/3 % von 15.000,00 EUR = 5.000,00 EUR, davon 6/12 (§ 7 Abs. 1 S. 4 EStG) = 2.500,00 EUR.

Die Buchung der AfA lautet:

Konto	Soll	Haben
4830/6220 Abschreibungen auf Sachanlagen	2.500,00	
0210/0440 Maschinen		2.500,00

26. Am 10. Juni kauften wir eine Drehbank (Nutzungsdauer 6 Jahre) auf Ziel. Die Rechnung lautete über 60.000,00 EUR + 9.600,00 EUR USt = 69.600,00 EUR. Die Maschine wurde am 19. August per Bank bezahlt, wobei der Lieferant aufgrund einer Mängelrüge 10 % Preisnachlass gewährte.
Buchen Sie den Kauf am 10. Juni, die Zahlung am 19. August und die AfA zum 31. Dezember!

Lösung:

Die Anschaffungskosten belaufen sich gem. § 255 Abs. 1 HGB beim Kauf auf 60.000,00 EUR und werden auf dem Konto Maschinen gebucht. Die auf der Rechnung gesondert ausgewiesene Umsatzsteuer ist gem. § 15 Abs. 1 Nr. 1 UStG abziehbar. Der Buchungssatz am 10. Juni lautet deswegen:

Konto	Soll	Haben
0210/0440 Maschinen	60.000,00	
1570/1400 Abziehbare Vorsteuer	9.600,00	
1610/3310 Verbindlichkeiten aus LuL		69.600,00

Der auf Grund der Mängelrüge gewährte Preisnachlass mindert gem. § 255 Abs. 1 S. 3 HGB die Anschaffungskosten. Damit ändert sich die Bemessungsgrundlage für die Vorsteuer, die gem. § 17 Abs. 1 S. 2 UStG zu berichtigen ist.

Rechnungsbetrag	69.600,00 EUR
./. Preisnachlass 10 %	6.960,00 EUR
Zahlung	62.640,00 EUR

Konto	Soll	Haben
1610/3310 Verbindlichkeiten aus LuL	69.600,00	
1200/1800 Bank		62.640,00
0210/0440 Maschinen		6.000,00
1570/1400 Abziehbare Vorsteuer		960,00

Somit steht die Maschine mit Anschaffungskosten in Höhe von 54.000,00 EUR (60.000,00 EUR ./. 6.000,00 EUR) auf dem Konto Maschinen.

Der lineare AfA-Satz gem. § 7 Abs. 1 EStG beträgt 100 % : 6 Jahre = 16 2/3 % und liegt somit unter dem Höchstsatz für die degressive Abschreibung. Deshalb wird gem. § 7 Abs. 2 EStG degressiv abgeschrieben. Der Jahres-AfA errechnet sich wie folgt:

16 2/3 % x 2 = 33 1/3 %, max. 20 % von 54.000,00 EUR = 10.800,00 EUR.

Da das Aggregat jedoch erst im Juni angeschafft worden ist, darf gem. § 7 Abs. 2 S. 3 i. V. m. Abs. 1 S. 4 EStG nur für 7 Monate abgeschrieben werden:

7/12 von 10.800,00 EUR = 6.300,00 EUR.

Damit steht der Buchungssatz zum 31. Dezember fest:

Konto	Soll	Haben
4830/6220 Abschreibungen auf Sachanlagen	6.300,00	
0210/0440 Maschinen		6.300,00

27. Am 1. März 2000 haben wir eine Maschine mit einer Nutzungsdauer von 8 Jahren zum Preis von 90.000,00 EUR + 16 % USt 14.400,00 EUR = 104.400,00 EUR gekauft. Die Maschine wurde maximal abgeschrieben, sodass der Restbuchwert zum 31. Dezember 2004 15.126,00 EUR beträgt. Buchen Sie die AfA zum 31. Dezember 2005!

Lösung:

Bei vor dem 1. Januar 2001 angeschafften Wirtschaftsgütern, deren Nutzungsdauer 10 Jahre nicht übersteigt, ist im drittletzten Jahr ein AfA-Wechsel vorzunehmen, wenn ein möglichst niedriger Gewinn erzielt werden soll. Dies ist im Jahr 2005 der Fall. Dabei ist gem. § 7 Abs. 3 der Buchwert zum Ende des letzten Jahres durch die Restnutzungsdauer zu dividieren. Die AfA errechnet sich somit wie folgt:

15.126,00 EUR : 3 Jahre = 5.042,00 EUR.

Der Buchungssatz lautet deswegen:

Konto	Soll	Haben
4830/6220 Abschreibungen auf Sachanlagen	5.042,00	
0210/0440 Maschinen		5.042,00

28. Am 1. März 2000 haben wir eine Maschine mit einer Nutzungsdauer von 7 Jahren zum Preis von 90.000,00 EUR + 16 % USt 14.400,00 EUR = 104.400,00 EUR gekauft. Die Maschine wurde maximal abgeschrieben, sodass der Restbuchwert zum 31. Dezember 2004 14.406,00 EUR beträgt. Buchen Sie die AfA zum 31. Dezember 2005!

Lösung:

Bei vor dem 1. Januar 2001 angeschafften Wirtschaftsgütern, deren Nutzungsdauer 10 Jahre nicht übersteigt, ist im drittletzten Jahr ein AfA-Wechsel gem. § 7 Abs. 3 EStG vorzunehmen, wenn ein möglichst niedriger Gewinn erzielt werden soll. Dies war im Jahr 2004 der Fall. Nun wird also linear gem. § 7 Abs. 1 EStG abgeschrieben. Da die Restnutzungsdauer der Maschine nur noch zwei Jahre beträgt, kann die AfA folgendermaßen ermittelt werden:

14.406,00 EUR : 2 = 7.203,00 EUR.

Der Buchungssatz lautet deswegen:

Konto	Soll	Haben
4830/6220 Abschreibungen auf Sachanlagen	7.203,00	
0210/0440 Maschinen		7.203,00

29. Vom Staat erhalten wir einen Zuschuss in Höhe von 10.000,00 EUR auf unser Bankkonto überwiesen, weil wir uns eine Maschine gekauft haben. Buchen Sie den Zuschuss so, dass wir einen möglichst niedrigen Gewinn erzielen!

Lösung:

Soll ein möglichst niedriger Gewinn erzielt werden, dann darf der Zuschuss nicht erfolgswirksam gebucht werden. Deshalb bucht man ihn vom Anlagekonto herunter und mindert somit die Anschaffungskosten gem. § 255 Abs. 1 HGB.

Konto	Soll	Haben
1200/1800 Bank	10.000,00	
0210/0440 Maschinen		10.000,00

30. Wie lässt sich der Zuschuss (siehe 6.) noch buchen?

Lösung:

Als Alternative zu 6. kann der Zuschuss als sonstiger betrieblicher Ertrag gebucht werden.

Konto	Soll	Haben
1200/1800 Bank	10.000,00	
2700/4830 Sonstige betriebliche Erträge		10.000,00

31. Buchen Sie die AfA zu 6., wenn wir die Maschine am 11. April für 80.000,00 EUR + 16 % USt gekauft haben und die Nutzungsdauer 12 Jahre beträgt!

Lösung:

Die Anschaffungskosten gem. § 255 Abs. 1 HGB, die die Bemessungsgrundlage für die AfA darstellen, belaufen sich auf 80.000,00 EUR ./. 10.000,00 EUR Zuschuss = 70.000,00 EUR.

Der lineare AfA-Satz gem. § 7 Abs. 1 EStG beträgt 100 % : 12 Jahre = 8 1/3 % und liegt somit unter dem Höchstsatz für die degressive Abschreibung. Deshalb wird gem. § 7 Abs. 2 EStG degressiv abgeschrieben. Der Jahres-AfA errechnet sich wie folgt:

8 1/3 % x 2 = 16 2/3 % von 70.000,00 EUR = 11.667,00 EUR.

Da das Aggregat jedoch erst im April angeschafft worden ist, darf gem. § 7 Abs. 2 Satz 3 i. V. m. Abs. 1 Satz 4 EStG nur für 9 Monate abgeschrieben werden:

9/12 von 11.667,00 EUR = 8.751,00 EUR.

Damit steht der Buchungssatz zum 31. Dezember fest:

Konto	Soll	Haben
4830/6220 Abschreibungen auf Sachanlagen	8.751,00	
0210/0440 Maschinen		8.751,00

32. Buchen Sie die AfA zu 7., wenn wir die Maschine am 11. April für 80.000,00 EUR + 16 % USt gekauft haben und die Nutzungsdauer 12 Jahre beträgt!

Lösung:

Der lineare AfA-Satz gem. § 7 Abs. 1 EStG beträgt 100 % : 12 Jahre = 8 1/3 % und liegt somit unter dem Höchstsatz für die degressive Abschreibung. Deshalb wird gem. § 7 Abs. 2 EStG degressiv abgeschrieben. Der Jahres-AfA errechnet sich wie folgt:

8 1/3 % x 2 = 16 2/3 % von 80.000,00 EUR = 13.334,00 EUR.

Da das Aggregat jedoch erst im April angeschafft worden ist, darf gem. § 7 Abs. 2 Satz 3 i. V. m. Abs. 1 Satz 4 EStG nur für 9 Monate abgeschrieben werden:

9/12 von 13.334,00 EUR = 10.001,00 EUR.

Damit steht der Buchungssatz zum 31. Dezember fest:

Konto	Soll	Haben
4830/6220 Abschreibungen auf Sachanlagen	10.001,00	
0210/0440 Maschinen		10.001,00

33. Am 12. August kauften wir einen neuen betrieblichen Kleinlastwagen; den alten Lkw (Restbuchwert 9.800,00 EUR) gaben wir in Zahlung. Die Rechnung lautete:

1 Klein-Lkw		40.000,00 EUR
+ 16 % USt		6.400,00 EUR
		46.400,00 EUR
./. Inzahlungnahme des Gebrauchtfahrzeugs		
Nettobetrag	15.000,00 EUR	
+ 16 % USt	2.400,00 EUR	17.400,00 EUR
		29.000,00 EUR

Die Nutzungsdauer des Lkw wird mit 8 Jahren angenommen.Der Restbetrag wurde durch Banküberweisung bezahlt.

Die Zulassungsgebühr (an die Zulassungsstelle) in Höhe von 110,00 EUR, die Kosten für das Kfz-Kennzeichen in Höhe von 60,00 EUR + 16 % USt 9,60 EUR = 69,60 EUR und die Rechnung über die erste Benzintankfüllung in Höhe von 120,00 EUR + 19,20 EUR USt = 139,20 EUR wurden bar bezahlt. Der gesamte Vorgang wurde bisher nicht gebucht.

Lösung:

Für das in Zahlung gegebene Fahrzeug ist der Restbuchwert auszubuchen. Um auf das richtige Erfolgskonto zu kommen, muss ermittelt werden, ob beim Verkauf ein Gewinn oder ein Verlust erzielt wurde. Da der Nettoerlös in Höhe von 15.000,00 EUR den Buchwert in Höhe von 9.800,00 EUR übersteigt, liegt ein Gewinn vor. Deshalb wird der Restbuchwert wie folgt gebucht:

Konto	Soll	Haben
2315/4855 Anlagenabgänge Sachanlagen (Gewinn)	9.800,00	
0350/0540 Lkw		9.800,00

Die Anschaffungskosten gem. § 255 Abs. 1 HGB betragen für den neuen Lkw 40.000,00 EUR. Die gesondert ausgewiesene Umsatzsteuer in Höhe von 6.400,00 EUR ist gem. § 15 Abs. 1 Nr. 1 UStG als Vorsteuer abziehbar. Bei dem Sachverhalt handelt es sich aus umsatzsteuerlicher Sicht um einen Tausch mit Baraufgabe, die Bemessungsgrundlage für den in Zahlung gegebenen alten Lkw beträgt gem. § 10 II UStG 15.000,00 EUR. Die Umsatzsteuer entsteht gem. § 13 Abs. 1 Nr. 1 a) UStG bei der Berechnung der Steuer nach vereinbarten Entgelten für einen Monatszahler im Monat des Verkaufs, also im August. Deshalb lautet die Kaufbuchung einschließlich Inzahlunggabe:

Konto	Soll	Haben
0350/0540 Lkw	40.000,00	
1570/1400 Abziehbare Vorsteuer	6.400,00	
8820/4845 Erlöse aus Verk. AV (Gewinn)		15.000,00
1770/3800 Umsatzsteuer		2.400,00
1200/1800 Bank		29.000,00

Die Zulassungsgebühr und die Kosten für das Kfz-Kennzeichen stellen Anschaffungsnebenkosten i. S. d. § 255 Abs. 1 S. 2 HGB dar, während die Kosten für die erste Benzintankfüllung sofort als Aufwand gebucht werden dürfen. Die gesondert ausgewiesene Umsatzsteuer in Höhe von 28,80 EUR ist gem. § 15 Abs. 1 Nr. 1 UStG als Vorsteuer abziehbar:

Konto	Soll	Haben
0350/0540 Lkw	170,00	
4500/6500 Fahrzeugkosten	120,00	
1570/1400 Abziehbare Vorsteuer	28,80	
1000/1600 Kasse		318,80

Der lineare AfA-Satz gem. § 7 Abs. 1 EStG beträgt 100 % : 8 Jahre = 12 1/2 % und liegt somit unter dem Höchstsatz für die degressive Abschreibung. Deshalb wird gem. § 7 Abs. 2 EStG degressiv abgeschrieben. Der Jahres-AfA errechnet sich wie folgt:

12 1/2 % x 2 = 25 %, max. 20 % von 40.170,00 EUR = 8.034,00 EUR.

Da das Fahrzeug jedoch erst im August angeschafft worden ist, darf gem. § 7 Abs. 2 S. 3 i. V. m. Abs. 1 S. 4 EStG nur für 5 Monate abgeschrieben werden:

5/12 von 8.034,00 EUR = 3.348,00 EUR.

Damit steht der Buchungssatz zum 31. Dezember fest:

Konto	Soll	Haben
4830/6220 Abschreibungen auf Sachanlagen	3.348,00	
0350/0540 Lkw		3.348,00

34. Wir kaufen am 1. Oktober ein Standardprogramm für die Finanzbuchhaltung gegen Bankscheck, netto 3.600,00 EUR + 16 % USt 576,00 EUR = 4.176,00 EUR.
Buchen Sie den Kauf und die maximale AfA zum 31. Dezember! (Nutzungsdauer 3 Jahre)

Lösung:

Die Anschaffungskosten gem. § 255 Abs. 1 HGB betragen für das Programm 3.600,00 EUR. Die gesondert ausgewiesene Umsatzsteuer in Höhe von 576,00 EUR ist gem. § 15 Abs. 1 Nr. 1 UStG als Vorsteuer abziehbar.

Konto	Soll	Haben
0027/0135 EDV-Software	3.600,00	
1570/1400 Abziehbare Vorsteuer	576,00	
1200/1800 Bank		4.176,00

Der lineare AfA-Satz beträgt gem. § 7 Abs. 1 EStG 100 % : 3 Jahre = 33 1/3 %. Damit liegt er über dem maximalen degressiven Satz gem. § 7 Abs. 2 EStG in Höhe von 20 %, weshalb linear abgeschrieben wird. Die AfA wird im Jahr des Kaufs monatsanteilig gem. § 7 Abs. 1 S. 4 EStG somit folgendermaßen ermittelt:

33 1/3 % von 3.600,00 EUR = 1.200,00 EUR, davon 3/12 = 300,00 EUR.

Die Buchung der AfA lautet:

Konto	Soll	Haben
4822/6200 Abschreibungen imm. Vermögensgegenst.	300,00	
0027/0135 EDV-Software		300,00

35. Wir kaufen einen Ein-Jahres-Wagen von einem Mitarbeiter eines Automobilwerkes für unseren Betrieb. Wir begleichen 15.000,00 EUR per Bankscheck.

Lösung:

Da der Pkw nicht von einem Unternehmer i. S. d. § 2 UStG erworben wurde, ist auch kein Vorsteuerabzug gem. § 15 Abs. 1 Nr. 1 UStG möglich. Der gesamte Kaufpreis stellt somit Anschaffungskosten gem. § 255 Abs. 1 HGB dar:

Konto	Soll	Haben
0320/0520 Pkw	15.000,00	
1200/1800 Bank		15.000,00

36. Wir kaufen am 30. November ein Kopiergerät zum Preis von 5.000,00 EUR + 16 % USt 800,00 EUR = 5.800,00 EUR gegen Bankscheck. Das Gerät wird zu 75 % für steuerpflichtige Umsätze und zu 25 % für steuerfreie Umsätze, die den Vorsteuerabzug ausschließen, verwendet. Der Steuerpflichtige wünscht einen niedrigstmöglichen Gewinn. Buchen Sie den Kauf!

Lösung:

Da das Kopiergerät nicht in vollem Umfang für Zwecke verwendet wird, für die ein Vorsteuerabzug möglich ist, muss die Vorsteuer gem. § 15 Abs. 4 UStG aufgeteilt werden, wozu sie zunächst in einem ersten Buchungssatz auf *Aufzuteilende Vorsteuer* gebucht wird. Dies ergibt folgende Kaufbuchung:

Konto	Soll	Haben
0420/0650 Büroeinrichtung	5.000,00	
1560/1410 Aufzuteilende Vorsteuer	800,00	
1200/1800 Bank		5.800,00

Die abziehbare Vorsteuer gem. § 15 Abs. 1 Nr. 1 UStG beträgt 75 % von 800,00 EUR = 600,00 EUR. Die nicht abziehbare Vorsteuer in Höhe von 200,00 EUR erhöht gem. § 9 b I EStG die Anschaffungskosten i. S. d. § 255 Abs. 1 HGB. Deshalb wird noch folgender Buchungssatz gebildet:

Konto	Soll	Haben
0420/0650 Büroeinrichtung	200,00	
1570/1400 Abziehbare Vorsteuer	600,00	
1560/1410 Aufzuteilende Vorsteuer		800,00

37. Am 9. Februar 2003 wurde eine Maschine mit einer Nutzungsdauer von 6 Jahren zum Preis von 30.000,00 EUR + 16 % USt 4.800,00 EUR = 34.800,00 EUR erworben. Bei maximaler AfA ergab sich zum 31. Dezember 2004 ein Buchwert in Höhe von 19.200,00 EUR. Buchen Sie die AfA zum 31. Dezember 2005!

Lösung:

Bei ab dem 1. Januar 2001 angeschafften Wirtschaftsgütern, deren Nutzungsdauer 10 Jahre nicht übersteigt, ist im viertletzten Jahr ein AfA-Wechsel vorzunehmen, wenn ein möglichst niedriger Gewinn erzielt werden soll. Dies ist im Jahr 2005 der Fall. Dabei ist gem. § 7 Abs. 3 der Buchwert zum Ende des letzten Jahres durch die Restnutzungsdauer zu dividieren. Die AfA errechnet sich somit wie folgt:

19.200,00 EUR : 4 Jahre = 4.800,00 EUR.

Der Buchungssatz lautet deswegen:

Konto	Soll	Haben
4830/6220 Abschreibungen auf Sachanlagen	4.800,00	
0210/0440 Maschinen		4.800,00

38. Ein Unternehmer aus Weiden (dt. USt-IdNr.) lässt eine Maschine beim österreichischen Hersteller in Graz (österreichische USt-IdNr.) reparieren. Der Weidener Unternehmer erteilt den Auftrag unter Verwendung seiner deutschen USt-IdNr. Das österreichische Unternehmen stellt eine Rechnung gem. § 14 a Abs. 5 UStG in Höhe von 10.000,00 EUR aus, in der es auf die Steuerschuldnerschaft des Leistungsempfängers hinweist.

Lösung:

Bei der Reparatur einer Maschine handelt es sich aus umsatzsteuerlicher Sicht um eine sonstige Leistung gem. § 3 Abs. 9 UStG, insbesondere um eine Arbeit an beweglichen körperlichen Gegenständen gem. § 3a Abs. 2 Nr. 3 c) UStG. Solch eine Leistung gilt grundsätzlich an dem Ort ausgeführt, von dem aus der leistende Unternehmer, also der österreichische Unternehmer, sein Unternehmer betreibt. Da jedoch der Weidener Unternehmer den Reparaturauftrag unter Verwendung seiner deutschen USt-IdNr. erteilt, regelt der Satz 2 der oben angeführten Nr. 3 c), dass der Ort der sonstigen Leistung nach Deutschland verlagert wird, weshalb dieser Vorgang gem. § 1 Abs. 1 Nr. 1 UStG steuerbar ist. Steuerschuldner dieser sonstigen Leistung eines im Ausland ansässigen Unternehmers ist gem. § 13b Abs. 1 Nr. 1 i.V.m. II UStG der Weidener Unternehmer als Leistungsempfänger. Da er diese Leistung für sein Unternehmen ausführen hat lassen, kann er gleichzeitig gem. § 15 Abs. 1 Nr. 4 UStG Vorsteuer abziehen. Buchhalterisch wird dieser Vorgang durch zwei Buchungssätze gelöst.

Zunächst wird der Eingang der Rechnung gebucht:

Konto	Soll	Haben
3125/5925 Leistungen eines im Ausland ansässigen U.	10.000,00	
1610/3310 Verbindlichkeiten aus LuL		10.000,00

Den Abschluss bildet ein Buchungssatz mit Umsatz- und Vorsteuer:

Konto	Soll	Haben
1578/1408 Abziehbare Vorsteuer nach § 13b UStG	1.600,00	
1785/3835 Umsatzsteuer nach § 13b UStG		1.600,00

39. Ein Unternehmer aus Weiden (dt. USt-IdNr.) kauft eine Maschine von einem Unternehmer aus Tschechien (tschech. USt-IdNr.) für 15.000,00 EUR auf Ziel.

Lösung:

Die Anschaffungskosten der Maschine betragen gem. § 255 Abs. 1 HGB 15.000,00 EUR. Da hier ein deutscher Unternehmer unter Verwendung seiner deutschen USt-IdNr. von einem tschechischen Unternehmer mit tschechischer USt-IdNr. ein Wirtschaftsgut kauft, liegt ein innergemeinschaftlicher Erwerb gem. § 1a Abs. 1 UStG vor. Dieser gilt gem. § 3d UStG in Weiden ausgeführt, weshalb der Vorgang in Deutschland steuerbar gem. § 1 Abs. 1 Nr. 5 UStG ist. Die Umsatzsteuer in Höhe von 16 % von 15.000,00 EUR = 2.400,00 EUR entsteht gem. § 13 Abs. 1 Nr. 6 UStG mit Ausstellung der Rechnung. Gleichzeitig darf gem. § 15 Abs. 1 Nr. 3 UStG die Umsatzsteuer als Vorsteuer abgezogen werden.

Buchhalterisch erfolgt die Lösung in zwei Buchungssätzen. Zunächst werden die vom tschechischen Lieferer, für den es sich um eine steuerfreie innergemeinschaftliche Lieferung handelt, in Rechnung gestellten Anschaffungskosten gebucht:

Konto	Soll	Haben
0210/0440 Maschinen	15.000,00	
1610/3310 Verbindlichkeiten aus LuL		15.000,00

Den Abschluss bildet ein Buchungssatz mit Umsatz- und Vorsteuer:

Konto	Soll	Haben
1572/1402 Abziehbare Vorsteuer aus ig Erwerb	2.400,00	
1772/3802 Umsatzsteuer aus ig Erwerb		2.400,00

40. Ein Unternehmer aus Weiden (dt. USt-IdNr.) kauft eine Maschine von einem Unternehmer aus Tschechien (tschech. USt-IdNr.) für 15.000,00 EUR auf Ziel. Die Maschine wird zu 20 % für Umsätze verwendet, die den Vorsteuerabzug ausschließen.

Lösung:

Die vom tschechischen Unternehmer in Rechnung gestellten Anschaffungskosten der Maschine betragen gem. § 255 Abs. 1 HGB 15.000,00 EUR. Da hier ein deutscher Unternehmer unter Verwendung seiner deutschen USt-IdNr. von einem tschechischen Unternehmer mit tschechischer USt-IdNr. ein Wirtschaftsgut kauft, liegt ein innergemeinschaftlicher Erwerb gem. § 1a Abs. 1 UStG vor. Dieser gilt gem. § 3d UStG in Weiden ausgeführt, weshalb der Vorgang in Deutschland steuerbar gem. § 1 Abs. 1 Nr. 5 UStG ist. Die Umsatzsteuer in Höhe von 16 % von 15.000,00 EUR = 2.400,00 EUR entsteht gem. § 13 Abs. 1 Nr. 6 UStG mit Ausstellung der Rechnung. Gleichzeitig darf gem. § 15 Abs. 1 Nr. 3 UStG die Umsatzsteuer als Vorsteuer abgezogen werden.

Buchhalterisch erfolgt die Lösung in zwei Buchungssätzen. Zunächst werden die vom tschechischen Lieferer, für den es sich um eine steuerfreie innergemeinschaftliche Lieferung handelt, in Rechnung gestellten Anschaffungskosten gebucht:

Konto	Soll	Haben
0210/0440 Maschinen	15.000,00	
1610/3310 Verbindlichkeiten aus LuL		15.000,00

Den Abschluss bildet ein Buchungssatz mit Umsatz- und Vorsteuer. Beim Vorsteuerabzug ist jedoch zu beachten, dass die Maschine zu 20 % für Umsätze verwendet wird, die den Vorsteuerabzug ausschließen (§ 15 Abs. 2 Nr. 1 UStG). In einem solchen Fall ist die Vorsteuer gem. § 15 Abs. 4 UStG aufzuteilen, weshalb nur 80 % von 2.400,00 EUR = 1.920,00 EUR abziehbar sind. Die nicht abziehbare Vorsteuer zählt gem. § 9b Abs. 1 EStG zu den Anschaffungskosten der neuen Maschine:

Konto	Soll	Haben
1572/1402 Abziehbare Vorsteuer aus ig Erwerb	1.920,00	
0210/0440 Maschinen	480,00	
1772/3802 Umsatzsteuer aus ig Erwerb		2.400,00

4. Geringwertige Wirtschaftsgüter, nicht abziehbare Vorsteuer

41. Wir kaufen am 30. November einen Aktenschrank auf Ziel, netto 450,00 EUR + 16 % USt 72,00 EUR = 522,00 EUR; Nutzungsdauer 10 Jahre. Gebucht wurde:

0420/0650 Büroeinrichtung	450,00	
1570/1400 Abziehbare Vorsteuer	72,00	
1610/3310 Verbindlichkeiten aus LuL		522,00

Aufgrund einer Mängelrüge erhalten wir einen Preisnachlass von 10 %. Der Restbetrag wird von uns am 12. Dezember unter Abzug von 3 % Skonto durch Banküberweisung bezahlt.
Buchen Sie die Überweisung sowie am 31. Dezember die maximale AfA!

Lösung:

Zunächst ist der Überweisungsbetrag wie folgt zu ermitteln:

Rechnungsbetrag	522,00 EUR
./. Nachlass 10 %	52,20 EUR
	469,80 EUR
./. Skonto 3 %	14,09 EUR
Überweisung	455,71 EUR

Die Abzüge mindern gem. § 255 Abs. 1 S. 3 HGB die Anschaffungskosten. Umsatzsteuerlich ist eine Berichtigung der Vorsteuer gem. § 17 Abs. 1 Satz 2 UStG vorzunehmen, da sich die Bemessungsgrundlage geändert hat. Die Überweisungsbuchung lautet deshalb:

Konto	Soll	Haben
1610/3310 Verbindlichkeiten aus LuL	522,00	
1200/1800 Bank		455,71
0420/0650 Büroeinrichtung		57,15
1570/1400 Abziehbare Vorsteuer		9,14

Auf die Höhe der verminderten Anschaffungskosten (392,85 EUR) kommen Sie, wenn Sie die Umsatzsteuer aus dem Überweisungsbetrag herausrechnen und abziehen. Deshalb handelt es sich nun um ein geringwertiges Wirtschaftsgut i. S. d. § 6 Abs. 2 EStG, sodass der Gegenstand umzubuchen ist:

Konto	Soll	Haben
0480/0670 Geringwertige Wirtschaftsgüter	392,85	
0420/0650 Büroeinrichtung		392,85

Ein GWG darf im Jahr der Anschaffung in voller Höhe abgeschrieben werden:

Konto	Soll	Haben
4855/6260 Sofortabschreibungen GWG	392,85	
0480/0670 Geringwertige Wirtschaftsgüter		392,85

42. Im Mai letzten Jahres haben wir einen Bürostuhl für 350,00 EUR + 16 % USt 56,00 EUR = 406,00 EUR erworben. Bei einer Nutzungsdauer von 8 Jahren wurde der Stuhl auf 0420/0650 gebucht und gem. § 7 Abs. 2 EStG mit 47,00 EUR abgeschrieben. Buchen Sie die AfA zum 31. Dezember dieses Jahres, wenn nun die AfA gem. § 6 Abs. 2 EStG erfolgen soll!

Lösung:

Will man ein Wirtschaftsgut gem. § 6 Abs. 2 EStG abschreiben, dann muss man dies im Jahr der Anschaffung oder Herstellung tun. In einem späteren Jahr ist eine Nachholung nicht mehr möglich. Deshalb ist in dieser Aufgabe die ursprüngliche AfA fortzuführen.

Der lineare AfA-Satz gem. § 7 Abs. 1 EStG beträgt 100 % : 8 Jahre = 12,5 % und liegt somit unter dem Höchstsatz für die degressive Abschreibung. Deshalb wird gem. § 7 Abs. 2 EStG degressiv vom Restbuchwert in Höhe von 303,00 EUR abgeschrieben. Die Jahres-AfA errechnet sich wie folgt:

12,5 % x 2 = 25 %, max. 20 % von 303,00 EUR = 61,00 EUR.

Konto	Soll	Haben
4830/6220 Abschreibungen auf Sachanlagen	61,00	
0420/0650 Büroeinrichtung		61,00

43. Am 8. März dieses Jahres hat der Unternehmer ein Bürogerät zum Preis von 400,00 EUR + 16 % USt 64,00 EUR = 464,00 EUR auf Ziel erworben. Die Begleichung erfolgt am 20. März per Banküberweisung unter Abzug von 3 % Skonto. Die Nutzungsdauer beträgt 8 Jahre. Der Unternehmer führt zu 60 % Abzugs- und zu 40 % Ausschlussumsätze aus. Nehmen Sie die Buchungen dieses Jahres vor!

Lösung:

Für die Beurteilung, ob ein geringwertiges Wirtschaftsgut gem. § 6 Abs. 2 EStG vorliegt oder nicht, werden die Anschaffungskosten i.S.d. § 255 Abs. 1 HGB ohne einen darin enthaltenen nicht abziehbaren Vorsteuerbetrag herangezogen. Somit stellt der Bürostuhl ein GWG dar. Da eine Rechnung mit gesondertem Steuerausweis vorliegt, ist ein Vorsteuerabzug gem. § 15 Abs. 1 Nr. 1 UStG möglich, jedoch nur für die Abzugs-, nicht aber für die Ausschlussumsätze, weshalb eine Aufteilung der Vorsteuer gem. § 15 Abs. 4 UStG vorzunehmen ist. Es empfiehlt sich, zunächst die gesamte Steuer auf 1560/1410 zu buchen:

Konto	Soll	Haben
0480/0670 Geringwertige Wirtschaftsgüter	400,00	
1560/1410 Aufzuteilende Vorsteuer	64,00	
1610/3310 Verbindlichkeiten aus LuL		464,00

Die auf die Abzugsumsätze entfallende Umsatzsteuer in Höhe von 60 % von 64,00 EUR = 38,40 EUR ist als Vorsteuer abziehbar, während die restliche Steuer in Höhe von 25,60 EUR gem. § 15 Abs. 2 Nr. 1 UStG nicht als Vorsteuer geltend gemacht werden darf. Laut § 9b Abs. 1 EStG erhöht sie die Anschaffungskosten:

Konto	Soll	Haben
0480/0670 Geringwertige Wirtschaftsgüter	25,60	
1570/1400 Abziehbare Vorsteuer	38,40	
1560/1410 Aufzuteilende Vorsteuer		64,00

Der Skontoabzug bei Überweisung der Rechnung führt zu einer Minderung der Anschaffungskosten gem. § 255 Abs. 1 Satz 3 HGB und zu einer Änderung der umsatzsteuerlichen Bemessungsgrundlage, weshalb gem. § 17 Abs. 1 Satz 2 UStG die Vorsteuer zu berichtigen ist. Wie schon bei der Kaufbuchung empfiehlt es sich auch hier, das Konto 1560/1410 einzuschalten und in einem zweiten Schritt die Aufteilung der Vorsteuerberichtigung vorzunehmen.

Die Ermittlung des Überweisungsbetrages können Sie der folgenden Rechnung entnehmen:

Rechnungsbetrag	464,00 EUR
./. Skonto 3 %	13,92 EUR
Überweisung	450,08 EUR

Konto	Soll	Haben
1610/3310 Verbindlichkeiten aus LuL	464,00	
1200/1800 Bank		450,08
0480/0670 Geringwertige Wirtschaftsgüter		12,00
1560/1410 Aufzuteilende Vorsteuer		1,92

Der Betrag auf 1560/1410 in Höhe von 1,92 EUR ist wie folgt aufzuteilen:

60 % von 1,92 EUR = 1,15 EUR auf 1570/1400

40 % von 1,92 EUR = 0,77 EUR auf 0480/0670

Konto	Soll	Haben
1560/1410 Aufzuteilende Vorsteuer	1,92	
0480/0670 Geringwertige Wirtschaftsgüter		0,77
1570/1400 Abziehbare Vorsteuer		1,15

Zum Schluss ist noch die GWG-AfA vorzunehmen. Um auf den richtigen Betrag zu kommen, sollten Sie sich noch einmal alle Buchungen auf 0480/0670 vergegenwärtigen

Kaufbuchung	400,00
+ nicht abziehbare Vorsteuer	25,60
./. Skontoabzug	12,00
./. nicht abziehbare Vorsteuer	0,77
Anschaffungskosten gem. § 255 Abs. 1 HGB	412,83

Konto	Soll	Haben
4855/6260 Sofortabschreibungen GWG	412,83	
0480/0670 Geringwertige Wirtschaftsgüter		412,83

44. Wir kaufen am 20. Dezember 2005 einen Bürostuhl (Nutzungsdauer 8 Jahre) auf Ziel. Die Rechnung lautet über 430,00 EUR + 16 % USt 68,80 EUR. Am 3. Januar 2006 nehmen wir die Überweisung an den Lieferanten vor, wobei wir einen Skontoabzug in Höhe von 5 % in Anspruch nehmen. Es sind alle Buchungen für 2005 und 2006 vorzunehmen!

Lösung:

Da eine Rechnung mit gesondertem Steuerausweis vorliegt, ist beim Kauf ein Vorsteuerabzug gem. § 15 Abs. 1 Nr. 1 UStG möglich:

Konto	Soll	Haben
0420/0650 Büroeinrichtung	430,00	
1570/1400 Abziehbare Vorsteuer	68,80	
1610/3310 Verbindlichkeiten aus LuL		498,80

Der lineare AfA-Satz gem. § 7 Abs. 1 EStG beträgt 100 % : 8 Jahre = 12,5 % und liegt somit unter dem Höchstsatz für die degressive Abschreibung. Deshalb wird gem. § 7 Abs. 2 EStG degressiv abgeschrieben. Der Jahres-AfA errechnet sich wie folgt:

12,5 % x 2 = 25 %, max. 20 % von 430,00 EUR = 86,00 EUR.

Im Jahr der Anschaffung darf jedoch gem. § 7 Abs. 2 Satz 3 i.V.m. Abs. 1 Satz 4 EStG nur monatsanteilig abgeschrieben werden. Damit ergibt sich folgende AfA: 1/12 von 86,00 EUR = 8,00 EUR

Konto	Soll	Haben
4830/6220 Abschreibungen auf Sachanlagen	8,00	
0420/0650 Büroeinrichtung		8,00

Der Skontoabzug bei Überweisung der Rechnung führt zu einer Minderung der Anschaffungskosten gem. § 255 Abs. 1 Satz 3 HGB und zu einer Änderung der umsatzsteuerlichen Bemessungsgrundlage, weshalb gem. § 17 Abs. 1 Satz 2 UStG die Vorsteuer zu berichtigen ist.

Die Ermittlung des Überweisungsbetrages können Sie der folgenden Rechnung entnehmen:

Rechnungsbetrag	498,80 EUR
./. Skonto 5 %	24,94 EUR
Überweisung	473,86 EUR

Konto	Soll	Haben
1610/3310 Verbindlichkeiten aus LuL	498,80	
1200/1800 Bank		473,86
0420/0650 Büroeinrichtung		21,50
1570/1400 Abziehbare Vorsteuer		3,44

Durch den Skontoabzug sind die rechnerischen Voraussetzungen für ein geringwertiges Wirtschaftsgut gem. § 6 Abs. 2 EStG erfüllt, jedoch scheitert eine solche Einstufung daran, dass der Nachlass erst im Jahr nach der Anschaffung eingeräumt wurde. Es ist deshalb weiterhin degressiv gem. § 7 Abs. 2 EStG abzuschreiben. Im zweiten Jahr stellt bei dieser AfA-Methode der Restbuchwert die AfA-Bemessungsgrundlage dar. Welche Höhe dieser hat, zeigt das folgende Schema:

ursprüngliche Anschaffungskosten	430,00 EUR
./. AfA 2005	8,00 EUR
./. Skonto	21,50 EUR
Restbuchwert	400,50 EUR

Die Höhe der AfA können Sie aus der anschließenden Rechnung entnehmen: 20 % von 400,50 EUR = 81,00 EUR.

Konto	Soll	Haben
4830/6220 Abschreibungen auf Sachanlagen	81,00	
0420/0650 Büroeinrichtung		81,00

45. Ein gemischt genutztes Gebäude, das sich im Betriebsvermögen befindet, nutzen wir wie folgt:

Erdgeschoss:	**eigene Ladenräume**
1. Obergeschoss:	**Vermietung an einen Bausparkassenvertreter**
2. Obergeschoss:	**Vermietung an eine Arztpraxis**

Alle Stockwerke haben gleiche Größe. Wir haben – so weit es möglich war – gem. § 9 UStG optiert.
Auf unserem Bankkonto geht die Januarmiete des Bausparkassenvertreters über 1.000,00 EUR ein. Buchen Sie die Vereinnahmung der Miete!

Lösung:

Grundsätzlich ist eine Vermietung gem. § 4 Nr. 12 a) UStG steuerfrei. Bei der Vermietung an den Bausparkassenvertreter ist auch eine Option gem. § 9 UStG nicht möglich, da ein solcher Vertreter steuerfreie Umsätze gem. § 4 Nr. 11 UStG ausführt, die nicht zum Vorsteuerabzug berechtigen.

Konto	Soll	Haben
1200/1800 Bank	1.000,00	
2750/4860 Grundstückserträge		1.000,00

46. Für obiges Gebäude (Aufgabe 5) bezahlen wir die Rechnung für eine Dachumdeckung in Höhe von 6.000,00 EUR + 16 % USt 960,00 EUR = 6.960,00 EUR sofort gegen Bankscheck.

Lösung:

Da eine Rechnung mit gesondertem Steuerausweis vorliegt, ist ein Vorsteuerabzug gem. § 15 Abs. 1 Nr. 1 UStG möglich, jedoch bei diesem gemischt genutzten Gebäude nur für die Abzugs-, nicht aber für die Ausschlussumsätze, weshalb eine Aufteilung der Vorsteuer gem. § 15 Abs. 4 UStG vorzunehmen ist. Es empfiehlt sich, zunächst die gesamte Steuer auf 1560/1410 zu buchen:

Konto	Soll	Haben
4260/6335 Instandhaltung betriebl. Räume	6.000,00	
1560/1410 Aufzuteilende Vorsteuer	960,00	
1200/1800 Bank		6.960,00

Für die selbst genutzten Räume ist ein Vorsteuerabzug möglich. Anders sieht es dagegen bei der Vermietung an den Bausparkassenvertreter aus, der steuerfreie Umsätze gem. § 4 Nr. 11 UStG ausführt, die gem. § 15 Abs. 2 Nr. 1 UStG nicht zum Vorsteuerabzug berechtigen. Gleiches gilt für die Vermietung an den Arzt. Hier ergibt sich die Steuerfreiheit aus § 4 Nr. 14 UStG. Somit ist ein Vorsteuerabzug in Höhe von 1/3 von 960,00 EUR = 320,00 EUR möglich, während die restliche Umsatzsteuer für das 1. und 2. Obergeschoss nicht abgezogen werden kann und deshalb als Aufwand zu buchen ist:

Konto	Soll	Haben
2170/6860 Nicht abziehbare Vorsteuer	640,00	
1570/1400 Abziehbare Vorsteuer	320,00	
1560/1410 Aufzuteilende Vorsteuer		960,00

47. Ein Unternehmer kauft sich einen Pkw auf Ziel: 30.000,00 EUR + 16 % USt 4.800,00 EUR = 34.800,00 EUR. Das Fahrzeug wird zu 60 % für steuerpflichtige Umsätze, zu 15 % für Ausschlussumsätze und zu 25 % für private Zwecke verwendet. Buchen Sie den Kauf!

Lösung:

Da eine Rechnung mit gesondertem Steuerausweis vorliegt, ist ein Vorsteuerabzug gem. § 15 Abs. 1 Nr. 1 UStG möglich, jedoch nur für die Abzugs-, nicht aber für die Ausschlussumsätze, weshalb eine Aufteilung der Vorsteuer gem. § 15 Abs. 4 UStG vorzunehmen ist. Es empfiehlt sich, zunächst die gesamte Steuer auf 1560/1410 zu buchen:

Konto	Soll	Haben
0320/0520 Pkw	30.000,00	
1560/1410 Aufzuteilende Vorsteuer	4.800,00	
1610/3310 Verbindlichkeiten aus LuL		34.800,00

Die auf die Abzugsumsätze – dazu gehört neben der Verwendung für steuerpflichtige Umsätze auch die Privatnutzung – entfallende Umsatzsteuer in Höhe von 85 % von 4.800,00 EUR = 4.080,00 EUR ist als Vorsteuer abziehbar, während die restliche Steuer in Höhe von 720,00 EUR gem. § 15 Abs. 2 Nr. 1 UStG nicht als Vorsteuer abgezogen werden darf. Laut § 9b Abs. 1 EStG erhöht sie die Anschaffungskosten:

Konto	Soll	Haben
0320/0520 Pkw	720,00	
1570/1400 Abziehbare Vorsteuer	4.080,00	
1560/1410 Aufzuteilende Vorsteuer		4.800,00

5. Betriebsgebäude

48. Das Konto 0090/0240 enthält den Buchwert von folgenden Gebäuden:

Gebäude 1:	Herstellungskosten	600.000,00 EUR
	Buchwert 31. Dezember 2004	348.000,00 EUR
	Das Gebäude war 1984 bezugsfertig.	
Gebäude 2:	Herstellungskosten	400.000,00 EUR
	Buchwert 31. Dezember 2004	160.000,00 EUR
	Das Gebäude, dessen Bauantrag im Dezember 1993 gestellt worden war, war im Januar 1996 bezugsfertig.	

Buchen Sie die AfA zum 31. Dezember 2005!

Lösung:

Gebäude 1:

Die günstigste AfA für ein Betriebsgebäude ist die gem. § 7 Abs. 5 Nr. 1 EStG. Da das Gebäude am 1984 bezugsfertig war, ist der Bauantrag nicht nach dem 31. März 1985 gestellt worden, somit kommen § 7 Abs. 5 sowie die nächstbeste AfA-Regelung gem. § 7 Abs. 4 Nr. 1 EStG nicht in Betracht, weshalb gem. § 7 Abs. 4 Nr. 2 a) EStG die AfA 2 % der Herstellungskosten in Höhe von 600.000,00 EUR = 12.000,00 EUR beträgt.

Die Buchung lautet deshalb:

Konto	Soll	Haben
4830/6220 Abschreibungen auf Sachanlagen	12.000,00	
0090/0240 Geschäftsbauten		12.000,00

Gebäude 2:

Das Gebäude 2 ist vom Steuerpflichtigen hergestellt und der Bauantrag in der Zeit zwischen dem 1. April 1985 und dem 31. Dezember 1993 gestellt worden. Es kann somit nach § 7 Abs. 5 Nr. 1 EStG abgeschrieben werden. Das Jahr 2005 ist das 10. Abschreibungsjahr, weshalb der AfA-Satz 2,5 % beträgt, Bemessungsgrundlage sind die Herstellungskosten in Höhe von 400.000,00 EUR. Die AfA errechnet sich daher wie folgt:

2,5 % von 400.000,00 EUR = 10.000,00 EUR.

Die Buchung lautet deshalb:

Konto	Soll	Haben
4830/6220 Abschreibungen auf Sachanlagen	10.000,00	
0090/0240 Geschäftsbauten		10.000,00

49. Am 15. März 2005 haben wir ein Geschäftsgebäude gekauft. Der Wert des Grundstücks beträgt 100.000,00 EUR, der des Gebäudes 450.000,00 EUR. Wir haben auf dem Konto 0065/0215 550.000,00 EUR gebucht. Die Fertigstellung des Gebäudes erfolgte im Oktober 2000, der Bauantrag war im Februar 2000 gestellt worden. Nehmen Sie die Buchungen zum 31. Dezember 2005 vor!

Lösung:

Die vorgenommene Buchung ist falsch, weshalb folgende Umbuchung erforderlich ist:

Konto	Soll	Haben
0085/0235 Grundstückswerte eigener bebauter Grundst.	100.000,00	
0090/0240 Geschäftsbauten	450.000,00	
0065/0215 Unbebaute Grundstücke		550.000,00

Die Höhe der AfA ergibt sich aus § 7 Abs. 4 Nr. 1 EStG, da eine degressive Abschreibung nicht mehr möglich ist, weil der Bauantrag nach dem 31. Dezember 1993 gestellt worden ist. Der nach dem 31. Dezember 2000 abgeschlossene Kaufvertrag lässt nur noch eine Abschreibung in Höhe von 3 % zu. Die Jahres-AfA errechnet sich somit wie folgt:

3 % von 450.000,00 EUR = 13.500,00 EUR.

Da das Gebäude erst im März 2005 angeschafft worden ist, dürfen davon nur 10/12 = 11.250,00 EUR abgeschrieben werden.

Die Buchung lautet deshalb:

Konto	Soll	Haben
4830/6220 Abschreibungen auf Sachanlagen	11.250,00	
0090/0240 Geschäftsbauten		11.250,00

50. Wir erwerben am 1. September 2005 ein Fabrikgebäude mit Grundstück. Der Kaufpreis beträgt für das Grundstück 100.000,00 EUR, für das Gebäude 300.000,00 EUR. Zusätzlich übernehmen wir eine auf der Immobilie lastende Verbindlichkeit an ein Kreditinstitut in Höhe von 200.000,00 EUR. Für Grunderwerbsteuer wurden ? EUR und für Grundbuchkosten 7.000,00 EUR gezahlt, wobei bei letzteren 3.000,00 EUR für die Eintragung einer zur Finanzierung erforderlichen Grundschuld anfielen. An den Notar wurden 5.000,00 EUR + 800,00 EUR USt gezahlt, wobei hiervon 1.000,00 EUR (netto) für die Bestellung der Grundschuld berechnet wurden. Schließlich überwiesen wir an einen Grundstücksmakler 8.000,00 EUR + 16 % USt 1.280,00 EUR = 9.280,00 EUR. Alle Zahlungen erfolgten per Bank.

Buchen Sie alle Zahlungen sowie die AfA zum 31. Dezember 2005, wenn das Gebäude 1989 fertig gestellt wurde (Bauantrag 1988)!

Lösung:

Zu den Anschaffungskosten gehörten gem. § 255 Abs. 1 HGB der Kaufpreis und die übernommenen Verbindlichkeiten sowie die Anschaffungsnebenkosten (Grundserwerbsteuer, Grundbuchgebühren, Notarkosten und die Kosten für den Grundstücksmakler). Im Gegensatz dazu dürfen die Finanzierungskosten, worunter auch die Kosten fallen, die mit der Eintragung einer Grundschuld oder Hypothek verbunden sind (Grundbuchgebühren, Notarkosten), sofort als Aufwand gebucht werden. Ferner zählt die gem. § 15 Abs. 1 Nr. 1 UStG abziehbare Vorsteuer nicht zu den Anschaffungskosten.

Die gesamten Anschaffungskosten für das Grundstück und das Gebäude zusammen errechnen sich demnach wie folgt:

Kaufpreis, gesamt	400.000,00 EUR
übernommene Verbindlichkeiten	200.000,00 EUR
Grunderwerbsteuer	21.000,00 EUR
Grundbuch	4.000,00 EUR
Notarkosten	4.000,00 EUR
Grundstücksmakler	8.000,00 EUR
Anschaffungskosten	637.000,00 EUR

Diese gesamten Anschaffungskosten müssen auf das Grundstück und das Gebäude aufgeteilt werden.

Der Gebäudewert errechnet sich dabei wie folgt:

400.000,00 EUR = 637.000,00 EUR

300.000,00 EUR = 477.750,00 EUR

Die Zahlungsbuchung lautet deshalb:

Konto	Soll	Haben
0085/0235 Grundstückswerte eigener beb. Grundst.	159.250,00	
0090/0240 Geschäftsbauten	477.750,00	
2350/6350 Sonstige Grundstücksaufwendungen	4.000,00	
1570/1400 Abziehbare Vorsteuer	2.080,00	
1200/1800 Bank		443.080,00
0630/3150 Verbindlichkeiten gegenüber Kreditinstituten		200.000,00

Für angeschaffte Betriebsgebäude mit Kaufvertrag ab 1994 ist eine degressive AfA nicht mehr möglich. Da für das vorliegende Gebäude der Bauantrag nach dem 31. März 1985 gestellt worden ist, kann gem. § 7 Abs. 4 Nr. 1 EStG abgeschrieben werden. Weil der Kaufvertrag in 2005 abgeschlossen wurde, beträgt der AfA-Satz 3 %. Bemessungsgrundlage sind die Anschaffungskosten in Höhe von 477.750,00 EUR. Die Jahres-AfA errechnet sich somit wie folgt:

3 % von 477.750,00 EUR = 14.333,00 EUR.

Da das Gebäude erst im September 2005 angeschafft worden ist, dürfen davon nur 4/12 = 4.778,00 EUR abgeschrieben werden.

Die Buchung lautet deshalb:

Konto	Soll	Haben
4830/6220 Abschreibungen auf Sachanlagen	4.778,00	
0090/0240 Geschäftsbauten		4.778,00

51. Ein Geschäftsgebäude wurde am 10. März 1992 fertig gestellt. Sein Buchwert beträgt zum 31. Dezember 2004 180.000,00 EUR. Die Herstellungskosten für das Gebäude, dessen Bauantrag 1991 gestellt worden ist, betrugen 600.000,00 EUR. Buchen Sie die AfA zum 31. Dezember 2005, wenn von der degressiven zur linearen AfA übergegangen werden soll!

Lösung:

Bei Gebäuden ist ein Wechsel von der degressiven zur linearen AfA nicht möglich, es muss weiterhin nach § 7 Abs. 5 Nr. 1 EStG abgeschrieben werden. Das Jahr 2005 ist das 14. Abschreibungsjahr, weshalb der AfA-Satz 2,5 % beträgt, Bemessungsgrundlage sind die Herstellungskosten in Höhe von 600.000,00 EUR. Die AfA errechnet sich daher wie folgt:

2,5 % von 600.000,00 EUR = 15.000,00 EUR.

Die Buchung lautet deshalb:

Konto	Soll	Haben
4830/6220 Abschreibungen auf Sachanlagen	15.000,00	
0090/0240 Geschäftsbauten		15.000,00

52. Buchen Sie die AfA zum 31. Dezember 2005 für ein Gebäude, dessen Bauantrag am 2. Januar 1993 gestellt worden ist. Die Fertigstellung erfolgte am 11. November 1993. Wir haben das Gebäude am 26. Juli 1994 erworben. Die Anschaffungskosten betragen 600.000,00 EUR. Zum 31. Dezember 2004 hatte es einen Buchwert in Höhe von 348.000,00 EUR.

Lösung:

Für angeschaffte Betriebsgebäude mit Kaufvertrag ab 1994 ist eine degressive AfA nicht mehr möglich. Da für das vorliegende Gebäude der Bauantrag nach dem 31. März 1985 gestellt worden ist, kann gem. § 7 Abs. 4 Nr. 1 EStG abgeschrieben werden. Weil der Kaufvertrag in 1994, also vor 2001, abgeschlossen wurde, beträgt der AfA-Satz 4 % (§ 52 Abs. 21 b EStG). Bemessungsgrundlage sind die Anschaffungskosten in Höhe von 600.000,00 EUR. Die Jahres-AfA errechnet sich somit wie folgt:

4 % von 600.000,00 EUR = 24.000,00 EUR.

Die Buchung lautet deshalb:

Konto	Soll	Haben
4830/6220 Abschreibungen auf Sachanlagen	24.000,00	
0090/0240 Geschäftsbauten		24.000,00

53. Buchen Sie die AfA zum 31. Dezember 2005 für eine alte Lagerhalle, die wir am 7. April 2005 zum Preis von 100.000,00 EUR erworben haben. Die Fertigstellung der Halle war im Jahr 1919.

Lösung:

Für Betriebsgebäude, die vor dem 1. Januar 1925 fertig gestellt worden sind, beträgt die AfA gem. § 7 Abs. 4 Nr. 2 b) EStG 2,5 % der Anschaffungskosten. Die Jahres-AfA errechnet sich somit wie folgt:

2,5 % von 100.000,00 EUR = 2.500,00 EUR.

Da das Gebäude erst im April 2005 angeschafft worden ist, dürfen davon nur 9/12 = 1.875,00 EUR abgeschrieben werden.

Die Buchung lautet deshalb:

Konto	Soll	Haben
4830/6220 Abschreibungen auf Sachanlagen	1.875,00	
0090/0240 Geschäftsbauten		1.875,00

54. Wir haben am 12. Mai eine provisorische Lagerhalle mit einer Nutzungsdauer von 15 Jahren fertig gestellt. Die Herstellungskosten betragen 180.000,00 EUR. Buchen Sie die maximale AfA zum 31. Dezember!

Lösung:

Für neu fertig gestellte oder angeschaffte Betriebsgebäude beträgt der maximale AfA-Satz 3 %, was einer Abschreibungsdauer von 33 1/3 Jahren entspricht. Ist die tatsächliche Nutzungsdauer jedoch geringer, können gem. § 7 Abs. 4 Satz 2 EStG die Anschaffungs- oder Herstellungskosten auf die tatsächliche Nutzungsdauer verteilt werden.

Die Jahres-AfA errechnet sich somit wie folgt:

180.000,00 EUR : 15 Jahre = 12.000,00 EUR.

Da das Gebäude erst im Mai 2005 fertig gestellt worden ist, dürfen davon nur 8/12 = 8.000,00 EUR abgeschrieben werden.

Die Buchung lautet deshalb:

Konto	Soll	Haben
4830/6220 Abschreibungen auf Sachanlagen	8.000,00	
0090/0240 Geschäftsbauten		8.000,00

55. Für eine neue Montagehalle haben wir am 25. Februar 2005 den Bauantrag gestellt, die Fertigstellung erfolgte zum 24. November 2005. Die Baukosten in Höhe von 300.000,00 EUR sowie die Kosten für die Baugenehmigung 3.000,00 EUR und für das Architektenhonorar 12.000,00 EUR haben wir auf dem Konto 0065/0215 gebucht. Nehmen Sie alle noch für das Jahr 2005 notwendigen Buchungen vor!

Lösung:

Die Kosten für die Baugenehmigung und für das Architektenhonorar gehören gem. § 255 II HGB zu den Herstellungskosten des Gebäudes. Sie sind deshalb umzubuchen:

Konto	Soll	Haben
0090/0240 Geschäftsbauten	315.000,00	
0065/0215 Unbebaute Grundstücke		315.000,00

Für hergestellte Betriebsgebäude mit Bauantrag ab 1994 ist eine degressive AfA nicht mehr möglich. Da für das vorliegende Gebäude der Bauantrag nach dem 31. März 1985 und nach dem 31. Dezember 2000 gestellt worden ist, können die Herstellungskosten gem. § 7 Abs. 4 Nr. 1 EStG mit einem AfA-Satz in Höhe von 3 % abgeschrieben werden. Die Jahres-AfA errechnet sich somit wie folgt:

3 % von 315.000,00 EUR = 9.450,00 EUR.

Da das Gebäude erst im November 2005 fertig gestellt worden ist, dürfen davon nur 2/12 = 1.575,00 EUR abgeschrieben werden.

Die Buchung lautet deshalb:

Konto	Soll	Haben
4830/6220 Abschreibungen auf Sachanlagen	1.575,00	
0090/0240 Geschäftsbauten		1.575,00

56. Im April dieses Jahres haben wir mit dem Bau eines Betriebsgebäudes auf einem eigenen unbebauten Grundstück, das mit einem Wert von 110.000,00 EUR in der Bilanz steht, begonnen. Am 5. August erhalten wir die erste Teilrechnung über 200.000,00 EUR + 16 % USt 32.000,00 EUR = 232.000,00 EUR, die per Lastschrift von unserem Bankkonto eingezogen wird. Bei Fertigstellung am 11. Dezember wird uns der Restbetrag in Höhe von 180.000,00 EUR + 16 % USt 28.800,00 EUR = 208.800,00 EUR abgebucht.
Nehmen Sie die Buchungen zum 5. August und 11. Dezember vor!

Lösung:

Die Nettobeträge der Teilrechnungen stellen Herstellungskosten gem. § 255 II HGB dar und werden zunächst auf Anlagen im Bau gebucht. Die gesondert ausgewiesene Umsatzsteuer darf gem. § 15 Abs. 1 Nr. 1 UStG als Vorsteuer abgezogen werden Am 5. August ergibt sich somit folgende Buchung:

Konto	Soll	Haben
0120/0700 Anlagen im Bau	200.000,00	
1570/1400 Abziehbare Vorsteuer	32.000,00	
1200/1800 Bank		232.000,00

Die Zahlung am 11. Dezember wird analog zu der am 5. August gebucht:

Konto	Soll	Haben
0120/0700 Anlagen im Bau	180.000,00	
1570/1400 Abziehbare Vorsteuer	28.800,00	
1200/1800 Bank		208.800,00

Mit Fertigstellung des Gebäudes werden die auf 0120/0700 aufgelaufenen Herstellungskosten auf 0090/0240 umgebucht:

Konto	Soll	Haben
0090/0240 Geschäftsbauten	380.000,00	
0120/0700 Anlagen im Bau		380.000,00

Schließlich ist noch zu berücksichtigen, dass aus dem ursprünglich unbebauten Grundstück nun ein bebautes geworden ist:

Konto	Soll	Haben
0085/0235 Grundstückswerte eig. beb. Grundstücke	110.000,00	
0065/0215 Unbebaute Grundstücke		110.000,00

57. Wir haben am 20. November 2004 ein Grundstück für 100.000,00 EUR gekauft und darauf im Jahr 2005 (Fertigstellung: 8. März) ein Betriebsgebäude mit Herstellungskosten in Höhe von 420.000,00 EUR errichtet. Am 2. April 2005 ging vom Grundbuchamt die Rechnung für die Eigentümerumschreibung des Grundstücks in Höhe von 450,00 EUR ein, die wir sofort per Bank beglichen haben. Nehmen Sie die Buchung zum 2. April 2005 vor!

Lösung:

Die Kosten für die Eigentümerumschreibung stellen Anschaffungsnebenkosten i. S. d. § 255 Abs. 1 S. 2 HGB dar. Diese beziehen sich auf die Anschaffung eines ursprünglich unbebauten Grundstücks, das jedoch im Zeitpunkt des Rechnungseingangs bereits bebaut ist, weshalb auf Grundstückswerte eigener bebauter Grundstücke zu buchen ist. Die Buchung lautet deshalb:

Konto	Soll	Haben
0085/0235 Grundstückswerte eig. beb. Grundstücke	450,00	
1200/1800 Bank		450,00

58. Zur Ausführung von Bauleistungen in München schaltet ein Bauunternehmen aus Neuhaus (deutsche USt-IdNr.) ein Subunternehmen aus Setubal (portugiesische USt-IdNr.) ein. Das portugiesische Unternehmen erstellt dazu im August eine große Fabrikhalle. Dafür berechnet es dem Neuhauser Bauunternehmen 180.000,00 EUR. In der ordnungsgemäßen Rechnung vom 30. August wird auf die Steuerschuldnerschaft des Leistungsempfängers

hingewiesen. Buchen Sie den Rechnungseingang, wenn eine Freistellungsbescheinigung zum Steuerabzug von Bauleistungen vorliegt!

Lösung:

Da der leistende Unternehmer eine Freistellungsbescheinigung vorlegt, fällt gem. § 48 Abs. 2 EStG keine Bauabzugsteuer an. Zunächst ist wie folgt zu buchen:

Konto	Soll	Haben
3100/5900 Fremdleistungen	180.000,00	
1610/3310 Verbindlichkeiten aus LuL		180.000,00

Aus umsatzsteuerlicher Sicht handelt es sich bei diesem Vorgang um eine Lieferung gem. § 3 Abs. 1 UStG, genauer gesagt um eine Werklieferung gem. § 3 Abs. 4 UStG. Der Ort der Lieferung wird somit durch § 3 Abs. 7 UStG bestimmt und ist in München. Dadurch ist der Vorgang steuerbar gem. § 1 Abs. 1 Nr. 1 UStG und steuerpflichtig. Steuerschuldner ist gem. § 13 b Abs. Nr. 1 i. V. m. Abs. 2 UStG der Leistungsempfänger, d. h. der Bauunternehmer aus Neuhaus. In der Rechnung wurde gem. § 14 a Abs. 5 UStG auf die Steuerschuldnerschaft des Leistungsempfängers hingewiesen. Da gleichzeitig gem. § 15 Abs. 1 Nr. 4 UStG Vorsteuer abgezogen werden kann, ergibt sich noch folgende Buchung:

Konto	Soll	Haben
1578/1408 Abziehbare Vorsteuer	28.800,00	
1785/3835 Umsatzsteuer nach § 13 b UStG		28.800,00

59. Buchen Sie die Banküberweisung der Rechnung (Fall 11) unter Abzug von 2 % Skonto!

Lösung:

Wie im Fall 11 sind auch hier zwei Buchungen erforderlich. Zunächst die Überweisungs- und anschließend die Steuerbuchung.

Der Überweisungsbetrag berechnet sich wie folgt:

Rechnungsbetrag	180.000,00 EUR
./. Skonto 2 %	3.600,00 EUR
Überweisung	176.400,00 EUR

Die erste Buchung lautet deshalb:

Konto	Soll	Haben
1200/1800 Bank		176.400,00
1610/3310 Verbindlichkeiten aus LuL	180.000,00	
3100/5900 Fremdleistungen		3.600,00

Durch die Inanspruchnahme des Skontos mindert sich die umsatzsteuerliche Bemessungsgrundlage, weshalb gem. § 17 Abs. 1 S. 1 UStG die Umsatzsteuer und gem. § 17 Abs. 1 S. 2 UStG die Vorsteuer zu berichtigen ist. Der Berichtigungsbetrag beträgt 16 % von 3.600,00 EUR = 576,00 EUR. Damit hat die zweite Buchung folgendes Aussehen:

Konto	Soll	Haben
1578/1408 Abziehbare Vorsteuer		576,00
1785/3835 Umsatzsteuer nach § 13 b UStG	576,00	

60. Ein Industrieunternehmen errichtet ein neues Fabrikgebäude mithilfe eigener Arbeitskräfte. Mit der Fertigstellung ist im nächsten Jahr zu rechnen. Für Fertigungsmaterial wurden 80.000,00 EUR + 16 % USt 12.800,00 EUR = 92.800,00 EUR per Bank überwiesen. In den Personalkosten sind Löhne in Höhe von 120.000,00 EUR enthalten. Die anteiligen Gemeinkosten belaufen sich auf 25.000,00 EUR. Buchen Sie die bisher entstandenen Herstellungskosten!

Lösung:

Die bisher angefallen Herstellungskosten gem. § 255 II HGB werden zunächst auf dem Konto Anlagen im Bau gesammelt:

Fertigungsmaterial	80.000,00 EUR
Löhne	120.000,00 EUR
anteilige Gemeinkosten	25.000,00 EUR
bisherige Herstellungskosten	225.000,00 EUR

Die bereits in den Aufwendungen enthaltenen Löhne und anteiligen Gemeinkosten werden als Ertrag auf Andere aktivierte Eigenleistungen gebucht:

Konto	Soll	Haben
0120/0700 Anlagen in Bau	225.000,00	
1570/1400 Abziehbare Vorsteuer	12.800,00	
1200/1800 Bank		92.800,00
8990/4820 Andere aktivierte Eigenleistungen		145.000,00

6. Privatentnahmen

61. Der Inhaber entnimmt für seinen privaten Haushalt Handelswaren, die er vor drei Monaten für 2.320,00 EUR (brutto, 16 %) angeschafft hatte. Würde er sie heute einkaufen, dann stellte ihm sein Großhändler 2.200,00 EUR + 16 % USt in Rechnung, an Bezugskosten würden 100,00 EUR (netto) anfallen. Kunden werden die Waren zu 3.000,00 EUR + 16 % USt angeboten. Buchen Sie die Entnahme, wenn der Teilwert der Handelswaren 2.300,00 EUR beträgt!

Lösung:

Es handelt sich um eine Entnahme i. S. d. § 4 Abs. 1 Satz 2 EStG. Die Bewertung erfolgt gem. § 6 Abs. 1 Nr. 4 EStG mit dem Teilwert in Höhe von 2.300,00 EUR. Umsatzsteuerrechtlich liegt eine unentgeltliche Lieferung gem. § 3 Abs. 1b Nr. 1 UStG vor, die gem. § 1 Abs. 1 Nr. 1 UStG steuerbar ist. Als Bemessungsgrundlage wird lt. § 10 Abs. 4 Nr. 1 UStG der Einkaufspreis im Zeitpunkt der Entnahme genommen, der ebenfalls 2.300,00 EUR beträgt. Dies führt zu folgender Buchung:

Konto	Soll	Haben
1800/2100 Privatentnahmen	2.668,00	
8910/4620 Entnahme durch Unternehmer (Waren)		2.300,00
1770/3800 Umsatzsteuer		368,00

62. Ein Unternehmer entnimmt am 30. Juni einen Geschäfts-Pkw, der ausschließlich betrieblich genutzt worden war, und schenkt ihn seinem Sohn. Buchwert zum 31. Dezember letzten Jahres: 10.000,00 EUR, lineare AfA jährlich 10.000,00 EUR, Teilwert 3.000,00 EUR, Wiederbeschaffungswert 3.000,00 EUR.

Lösung:

Zunächst ist die lineare AfA gem. § 7 Abs. 1 EStG für das Jahr der Entnahme zu bilden. Unter Berücksichtigung des Entnahmetages 30. Juni ergibt berechnet sich die AfA wie folgt:

6/12 von 10.000,00 EUR = 5.000,00 EUR.

Konto	Soll	Haben
4830/6220 Abschreibungen auf Sachanlagen	5.000,00	
0320/0520 Pkw		5.000,00

Nun kann der Restbuchwert im Zeitpunkt der Entnahme ermittelt werden:

Buchwert 31. Dezember 2004	10.000,00 EUR
./. AfA 30. Juni 2005	5.000,00 EUR
Restbuchwert	5.000,00 EUR

Es handelt sich um eine Entnahme i. S. d. § 4 Abs. 1 Satz 2 EStG. Die Bewertung erfolgt gem. § 6 Abs. 1 Nr. 4 EStG mit dem Teilwert in Höhe von 3.000,00 EUR. Da dieser kleiner als der Restbuchwert ist, liegt eine Entnahme mit Verlust vor. Umsatzsteuerrechtlich stellt dies eine unentgeltliche Lieferung gem. § 3 Abs. 1b Nr. 1 UStG dar, die gem. § 1 Abs. 1 Nr. 1 UStG steuerbar ist. Als Bemessungsgrundlage wird lt. § 10 Abs. 4 Nr. 1 UStG der Einkaufspreis im Zeitpunkt der Entnahme genommen, der ebenfalls 3.000,00,00 EUR beträgt. Dies führt zu folgender Buchung:

Konto	Soll	Haben
1800/2100 Privatentnahmen	3.480,00	
8809/6885 Erlöse Verkäufe Sachanlageverm. (Buchverlust)		3.000,00
1770/3800 Umsatzsteuer		480,00

Schließlich ist noch der Restbuchwert des Fahrzeugs auszubuchen:

Konto	Soll	Haben
2310/6895 Anlagenabgänge Sachanlagen (Verlust)	5.000,00	
0320/0520 Pkw		5.000,00

63. Ein Unternehmer entnimmt am 7. März dieses Jahres einen betrieblichen Pkw und schenkt diesen seiner Tochter. Den Pkw hat er am 19. April letzten Jahres als Gebrauchtwagen von einem Mitarbeiter eines Automobilherstellers gekauft. Die Anschaffungskosten des Fahrzeugs hatten 30.000,00 EUR, die Restnutzungsdauer im Zeitpunkt des Kaufs 5 Jahre betragen. Der Buchwert zum 31. Dezember letzten Jahres betrug 24.000,00 EUR. Die Wiederbe-

schaffungskosten im Zeitpunkt der Entnahme liegen bei 25.000,00 EUR. Nehmen Sie die notwendigen Buchungen vor!

Lösung:

Zunächst ist die AfA für das Jahr der Entnahme zu bilden. Bei einer Nutzungsdauer von 5 Jahren wird linear gem. § 7 Abs. 1 EStG abgeschrieben. Unter Berücksichtigung des Entnahmetages 7. März berechnet sich die AfA wie folgt:

100 % : 5 Jahre = 20 % von 30.000,00 EUR = 6.000,00 EUR, davon 3/12 = 1.500,00 EUR

Konto	Soll	Haben
4830/6220 Abschreibungen auf Sachanlagen	1.500,00	
0320/0520 Pkw		1.500,00

Nun kann der Restbuchwert im Zeitpunkt der Entnahme ermittelt werden:

Buchwert 31. Dezember 2004	24.000,00 EUR
./. AfA 7. März 2005	1.500,00 EUR
Restbuchwert	22.500,00 EUR

Es handelt sich um eine Entnahme i. S. d. § 4 Abs. 1 Satz 2 EStG. Die Bewertung erfolgt gem. § 6 Abs. 1 Nr. 4 EStG mit dem Teilwert = Wiederbeschaffungskosten in Höhe von 25.000,00 EUR. Da dieser größer als der Restbuchwert ist, liegt eine Entnahme mit Gewinn vor. Umsatzsteuerrechtlich stellt dies keine unentgeltliche Lieferung gem. § 3 Abs. 1b Nr. 1 UStG dar, da das Fahrzeug nicht mit Recht auf Vorsteuerabzug angeschafft worden ist (§ 3 Abs. 1b Satz 2 UStG). Dies führt zu folgender Buchung:

Konto	Soll	Haben
1800/2100 Privatentnahmen	25.000,00	
8820/4845 Erlöse Verkäufe Sachanlageverm. (Buchgewinn)		25.000,00

Schließlich ist noch der Restbuchwert des Fahrzeugs auszubuchen:

Konto	Soll	Haben
2315/4855 Anlagenabgänge Sachanlagen (Gew.)	22.500,00	
0320/0520 Pkw		22.500,00

64. Ein Unternehmer beauftragt einen seiner Arbeitnehmer mit Arbeiten auf dem Privatgrundstück des Unternehmers. Die anteiligen Lohnkosten betragen 250,00 EUR. Einem Fremden wäre für diese Arbeit 450,00 EUR + 16 % USt in Rechnung gestellt worden.

Lösung:

Es handelt sich um eine Entnahme i. S. d. § 4 Abs. 1 Satz 2 EStG. Die Bewertung erfolgt mit den Kosten in Höhe von 250,00 EUR. Umsatzsteuerrechtlich liegt eine unentgeltliche sonstige Leistung gem. § 3 Abs. 9a Nr. 2 UStG vor, die gem. § 1 Abs. 1 Nr. 1 UStG steuerbar ist. Als Bemessungsgrundlage werden lt. § 10 Abs. 4 Nr. 3 UStG ebenfalls die Kosten bzw. Ausgaben genommen. Dies führt zu folgender Buchung:

Konto	Soll	Haben
1800/2100 Privatentnahmen	290,00	
8925/4660 unentgeltl. Erbringung einer sonst. L.		250,00
1770/3800 Umsatzsteuer		40,00

65. Ein Unternehmer benutzt seine gemietete Telefonanlage zu 10 % für private Gespräche. Die Telefonrechnung in Höhe von 1.136,80 EUR wird vom Bankkonto abgebucht (monatliche Miete 80,00 EUR + Telefongebühren 900,00 EUR = 980,00 EUR + 16 % USt).

Lösung:

Da eine Rechnung mit gesondertem Steuerausweis vorliegt, ist ein Vorsteuerabzug gem. § 15 Abs. 1 Nr. 1 UStG möglich. Wegen der teilweisen Privatnutzung gem. § 4 Abs. 1 S. 2 EStG beschränkt sich dieser aber auf den betrieblichen Nutzungsanteil in Höhe von 90 %. Ebenso sind auch die Nettoaufwendungen nur zu 90 % abzugsfähig.

Konto	Soll	Haben
4920/6805 Telefon	882,00	
1570/1400 Abziehbare Vorsteuer	141,12	
1800/2100 Privatentnahmen	113,68	
1200/1800 Bank		1.136,80

66. Die lineare AfA für eine gekaufte Telefonanlage, die zu 10 % für private Zwecke genutzt wird, beträgt bei einer Nutzungsdauer von 5 Jahren jährlich 500,00 EUR. Buchen Sie zum 31. Dezember!

Lösung:

Zunächst ist die lineare AfA gem. § 7 Abs. 1 EStG zu buchen:

Konto	Soll	Haben
4830/6220 Abschreibungen auf Sachanlagen	500,00	
0420/0650 Büroeinrichtung		500,00

Die Privatnutzung stellt eine Privatentnahme gem. § 4 Abs. 1 Satz 2 EStG dar, die mit den damit verbundenen Kosten in Höhe von 10 % der AfA bewertet wird. Dies sind also 10 % von 500,00 EUR = 50,00 EUR. Umsatzsteuerlich handelt es sich um eine unentgeltliche sonstige Leistung gem. § 3 Abs. 9a Nr. 1 UStG, die gem. § 1 Abs. 1 Nr. 1 UStG steuerbar ist. Als Bemessungsgrundlage dienen laut § 10 Abs. 4 Nr. 2 UStG ebenfalls die Kosten bzw. Ausgaben in Höhe von 50,00 EUR.

Deshalb ist noch die folgende Buchung zur Berücksichtigung der Privatnutzung erforderlich:

Konto	Soll	Haben
1800/2100 Privatentnahmen	58,00	
8920/4640 Verw. v. Gegenst. f. Zw. außerh. d. U.		50,00
1770/3800 Umsatzsteuer		8,00

67. In diesem Wirtschaftsjahr wurden für einen Geschäfts-Pkw, der im Januar 2004 für 40.000,00 EUR + 16 % USt von einem Autohändler gekauft worden war, folgende Kosten gebucht:

Benzin, Öl	3.100,00 EUR
Kfz-Versicherung	700,00 EUR
Reparaturen	2.600,00 EUR
Kfz-Steuer	350,00 EUR
Garagenmiete (nicht optiert)	600,00 EUR
TÜV, ASU	120,00 EUR
Rundfunkgebühren	60,00 EUR
AfA	6.400,00 EUR

68. Der Geschäfts-Pkw wurde durch den Unternehmer zu 25 % für private Zwecke genutzt. Die Fahrten wurden durch ein ordnungsgemäßes Fahrtenbuch nachgewiesen. Buchen Sie die Privatnutzung!

Lösung:

Die Privatnutzung stellt eine Privatentnahme gem. § 4 Abs. 1 Satz 2 EStG dar, die laut § 6 Abs. 1 Nr. 4 S. 3 EStG mit den damit verbundenen Kosten bewertet wird. Umsatzsteuerlich handelt es sich um eine unentgeltliche sonstige Leistung gem. § 3 Abs. 9a Nr. 1 UStG, die gem. § 1 Abs. 1 Nr. 1 UStG steuerbar ist. Als Bemessungsgrundlage dienen laut § 10 Abs. 4 Nr. 2 UStG die Ausgaben, die zum Vorsteuerabzug berechtigt haben. Es empfiehlt sich diese Aufgabe mit zwei Buchungssätzen zu lösen. Zunächst eine Buchung für die Ausgaben mit und eine Buchung für die Ausgaben ohne Vorsteuerabzug. In der folgenden Aufstellung werden die Kfz-Kosten entsprechend eingeteilt:

	Ausgaben mit Vorsteuerabzug	Ausgaben ohne Vorsteuerabzug
Benzin, Öl	3.100,00	
Kfz-Versicherung		700,00
Reparaturen	2.600,00	
Kfz-Steuer		350,00
Garagenmiete		600,00
TÜV, ASU	120,00	
Rundfunkgebühren		60,00
AfA	6.400,00	
	12.220,00	1.710,00
davon 25 %	3.055,00	427,50

Die Buchung der Privatnutzung für die Ausgaben ohne Vorsteuerabzug ist problemlos:

Konto	Soll	Haben
1800/2100 Privatentnahmen	472,50	
8924/4639 Verw. v. Geg. f. Zw. außerh. d. U. o. USt		427,50

Bei der Ermittlung der Bemessungsgrundlage für die Umsatzsteuer kann die gebuchte AfA nicht übernommen werden. Vielmehr sind die Anschaffungskosten gleichmäßig auf den Berichtigungszeitraum des § 15a UStG zu verteilen. Gem. § 15a Abs. 1 S. 1 UStG sind dies 5 Jahre. In unserem Fall also 40.000,00 EUR : 5 Jahre = 8.000,00 EUR. Statt der AfA in Höhe von 6.400,00 EUR fließen also 8.000,00 EUR in die Berechnung zur Ermittlung der Ausgaben mit Vorsteuerabzug ein. Damit beträgt die Summe dieser Ausgaben 13.820,00 EUR. Wenn Sie darauf den privaten Nutzungsanteil von 25 % anwenden, kommen Sie auf die Bemessungsgrundlage für die Umsatzsteuer in Höhe von 3.455,00 EUR. Dies ergibt eine Umsatzsteuer von 16 % von 3.455,00 EUR = 552,80 EUR. Beachten Sie jedoch, dass auf 8920/4640 die tatsächlich gebuchte Summe der Ausgaben mit Vorsteuerabzug in Höhe von 3.055,00 EUR gebucht wird. Der zweite Buchungssatz hat deshalb folgendes Aussehen:

Konto	Soll	Haben
1800/2100 Privatentnahmen	3.607,80	
8920/4640 Verw. v. Gegenst. f. Zw. außerh. d. U.		3.055,00
1770/3800 Umsatzsteuer		552,80

69. Ein betrieblicher Pkw wurde das gesamte Jahr über auch in nicht unerheblichem Maße für private Zwecke genutzt. Ein Fahrtenbuch wurde nicht geführt. Das Fahrzeug wurde am 15. Mai 2005 als Neufahrzeug von einem Autohändler erworben. Dieser stellte folgende Rechnung aus: Listenpreis 50.000,00 EUR ./. 20 % Rabatt 10.000,00 EUR + Sonderausstattung 1.000,00 = 41.000,00 EUR + 16 % USt 6.560,00 EUR = 47.560,00 EUR. Buchen Sie die Privatnutzung!

Lösung:

Die Privatnutzung stellt eine Privatentnahme gem. § 4 Abs. 1 Satz 2 EStG dar, die mit den damit verbundenen Kosten bewertet wird. Da kein Fahrtenbuch geführt worden ist, können die Kosten pro Monat der privaten Nutzung mit 1 % des Bruttolistenpreises im Zeitpunkt der Erstzulassung des Fahrzeugs zuzüglich der Kosten für Sonderausstattung geschätzt werden (§ 6 Abs. 1 Nr. 4 S. 2 EStG). Da der Pkw im Mai 2005 angeschafft worden ist, wird für 2005 mit 8 Monaten gerechnet:

Listenpreis	50.000,00 EUR
Sonderausstattung	1.000,00 EUR
Nettopreis	51.000,00 EUR
16 % USt	8.160,00 EUR
Bruttolistenpreis einschließlich Sonderausstattung	59.160,00 EUR
abgerundet auf volle 100,00 EUR	59.100,00 EUR
davon 8 %	4.728,00 EUR

Umsatzsteuerlich handelt es sich um eine unentgeltliche sonstige Leistung gem. § 3 Abs. 9a Nr. 1 UStG, die gem. § 1 Abs. 1 Nr. 1 UStG steuerbar ist. Als Bemessungsgrundlage dienen laut § 10 Abs. 4 Nr. 2 UStG die Ausgaben, die zum Vorsteuerabzug berechtigt haben. Um auf die Ausgaben mit Vorsteuerabzug zu kommen, werden von dem gem. § 6 Abs. 1 Nr. 4 S. 2 EStG ermittelten Wert pauschal 20 %, die die Ausgaben ohne Vorsteuerabzug repräsentieren, abgezogen.

Es empfiehlt sich diese Aufgabe mit zwei Buchungssätzen zu lösen. Zunächst eine Buchung für die Ausgaben mit und eine Buchung für die Ausgaben ohne Vorsteuerabzug.

Buchung für die Ausgaben ohne Vorsteuerabzug:

Konto	Soll	Haben
1800/2100 Privatentnahmen	945,60	
8924/4639 Verw. v. Geg. f. Zw. außerh. d. U. o. USt		945,60

Buchung für die Ausgaben mit Vorsteuerabzug:

Konto	Soll	Haben
1800/2100 Privatentnahmen	4.387,58	
8920/4640 Verw. v. Gegenst. f. Zw. außerh. d. U.		3.782,40
1770/3800 Umsatzsteuer		605,18

7. Nicht abzugsfähige Betriebsausgaben

70. Ein Unternehmer bezahlt Bewirtungskosten für die Bewirtung von Geschäftsfreunde durch Bankscheck, netto 100,00 EUR + 16 % USt 16,00 EUR = 116,00 EUR (ordnungsgemäße Belege liegen vor). Diese Aufwendungen sind angemessen. Buchen Sie diesen Vorgang!

Lösung:

Bei einer Bewirtung von Geschäftsfreunden dürfen gem. § 4 Abs. 5 Nr. 2 EStG nur 70 % der Aufwendungen den steuerlichen Gewinn mindern, 30 % stellen nicht abzugsfähige Betriebsausgaben dar. Umsatzsteuerrechtlich darf die Vorsteuer gem. § 15 Abs. 1 Nr. 1 UStG in voller Höhe abgezogen werden. Nachdem der BFH in einem Urteil festgestellt hat, dass eine Einschränkung des Vorsteuerabzugs nicht mit dem Gemeinschaftsrecht vereinbar ist, fällt dieser Sachverhalt nicht mehr unter § 15 Abs. 1a Nr. 1 UStG.

Konto	Soll	Haben
4650/6640 Bewirtungskosten	70,00	
4654/6644 Nicht abzugsfähige Bewirtungskosten	30,00	
1570/1400 Abziehbare Vorsteuer	16,00	
1200/1800 Bank		116,00

71. Ein Unternehmer kauft für einen Geschäftsfreund ein Sachgeschenk im Wert von 200,00 EUR + 16 % USt 32,00 EUR = 232,00 EUR. Buchen Sie den Barkauf und die Schenkung!

Lösung:

Da das Geschenk die im § 4 Abs. 5 Nr. 1 EStG festgelegte Grenze in Höhe von 35,00 EUR (netto) übersteigt, ist gem. § 15 Abs. 1a Nr. 1 UStG kein Vorsteuerabzug möglich. Die nicht abziehbare Vorsteuer gehört gem. § 9b Abs. 1 EStG zu den Anschaffungskosten. Die Buchung des Kaufs lautet deshalb:

Konto	Soll	Haben
4635/6620 Geschenke nicht abzugsfähig	232,00	
1000/1600 Kasse		232,00

Durch die Buchung der Schenkung werden die Aufwendungen für das Geschenk auf das Konto 4655/6645 gebracht, das nur den handelsrechtlichen, nicht aber den steuerrechtlichen Gewinn mindert. Diese handelsrechtlich doppelte Aufwandsbuchung wird durch das Konto 8939/4689 wieder ausgeglichen:

Konto	Soll	Haben
4655/6645 Nicht abzugsfähige Betriebsausgaben	232,00	
8939/4689 Unentgeltliche Zuwendung v. Gegenständen		232,00

72. Ein Unternehmer kauft am 16. Mai für einen Geschäftsfreund ein Sachgeschenk im Wert von 30,00 EUR + 16 % USt 4,80 EUR gegen Bankscheck. Buchen Sie den Kauf gegen Bankscheck und die Schenkung!

Lösung:

Da das Geschenk 35,00 EUR (netto) nicht übersteigt, liegt keine nicht abzugsfähige Betriebsausgabe gem. § 4 Abs. 5 Nr. 1 EStG vor. Deshalb ist auch die in einer Rechnung gesondert ausgewiesene Umsatzsteuer gem. § 15 Abs. 1 Nr. 1 UStG als Vorsteuer abziehbar. Mit einem Buchungssatz können Kauf und Schenkung erfasst werden:

Konto	Soll	Haben
4630/6610 Geschenke abzugsfähig	30,00	
1570/1400 Abziehbare Vorsteuer	4,80	
1200/1800 Bank		34,80

73. Am 28. Oktober des gleichen Jahres schenkt der Unternehmer (siehe Aufgabe 3) dem gleichen Geschäftsfreund 60,00 EUR bar.

Lösung:

Das Geschenk übersteigt die im § 4 Abs. 5 Nr. 1 EStG festgelegte Grenze in Höhe von 35,00 EUR, weshalb eine nicht abzugsfähige Betriebsausgabe vorliegt:

Konto	Soll	Haben
4635/6620 Geschenke nicht abzugsfähig	60,00	
1000/1600 Kasse		60,00

Die 35,00-EUR-Grenze bezieht sich auf alle Geschenke an einen Geschäftsfreund innerhalb eines Jahres. Somit stellt auch das erste Geschenk am 16. Mai eine nicht abzugsfähige Betriebsausgabe dar, weshalb eine entsprechende Umbuchung vorzunehmen ist. Dabei ist zu beachten, dass nun gem. § 15 Abs. 1a Nr. 1 UStG der Vorsteuerabzug nicht mehr möglich ist. Die ursprünglich abgezogene Vorsteuer ist gem. § 17 Abs. 2 Nr. 5 UStG zu berichtigen. Die nicht abziehbare Vorsteuer gehört gem. § 9b Abs. 1 EStG zu den Anschaffungskosten:

Konto	Soll	Haben
4635/6620 Geschenke nicht abzugsfähig	34,80	
4630/6610 Geschenke abzugsfähig		30,00
1570/1400 Abziehbare Vorsteuer		4,80

Der Besonderheit der Tatbestände des § 4 Abs. 5 EStG, die nur den handelsrechtlichen, nicht aber den steuerlichen Gewinn mindern dürfen, trägt die Buchung der Aufwendungen für beide Geschenke auf das Konto 4655/6645 Rechnung, das eben nur zu Lasten des handelsrechtlichen, nicht aber des steuerrechtlichen Gewinns geht. Diese handelsrechtlich doppelte Aufwandsbuchung wird im gleichen Buchungssatz durch das Konto 8939/4689 wieder ausgeglichen:

Konto	Soll	Haben
4655/6645 Nicht abzugsfähige Betriebsausgaben	94,80	
8939/4689 Unentgeltliche Zuwendung v. Gegenständen		94,80

74. Der Unternehmer legte die Fahrten zwischen Wohnung und seinem 10 km entfernten Betrieb an 140 Tagen mit seinem betrieblichen Pkw zurück. Dieses Fahrzeug wurde am 2. Mai dieses Jahres zum Preis von 20.100,00 EUR + 16 % USt angeschafft, sein heutiger Teilwert beträgt 15.000,00 EUR. Ein Fahrtenbuch wurde nicht geführt. Buchen Sie die Fahrten zwischen Wohnung und Betrieb!

Lösung:

Alle Kosten für den betrieblichen Pkw sind als Betriebsausgaben gebucht worden, also auch diejenigen für die Fahrten zwischen Wohnung und Betrieb. Für diese Fahrten ist jedoch nur der gleiche Betriebsausgabenabzug möglich, der auch lt. § 9 Abs. 1 Nr. 4 EStG als Werbungskosten angesetzt werden darf. Da in unserem Fall kein Fahrtenbuch geführt worden ist, werden die gebuchten Kosten für die Fahrten zwischen Wohnung und Betrieb entsprechend § 4 Abs. 5 Nr. 6 Satz 3 i.V.m. § 6 Abs. 1 Nr. 4 Satz 2 EStG ermittelt. Danach werden für jeden Kalendermonat 0,03 % des Bruttolistenpreises im Zeitpunkt der Erstzulassung zzgl. Sonderausstattung (auf volle 100 EUR abgerundet) multipliziert mit den Entfernungskilometern angesetzt. Anschließend wird der Betrag abgezogen, der gem. § 9 Abs. 1 Nr. 4 EStG als Werbungskosten angesetzt werden darf. Der positive Unterschiedsbetrag stellt die nicht abzugsfähigen Betriebsausgaben für diese Fahrten dar. Für den obigen Fall lautet die Rechnung:

8 x 0,03 % von 23.300,00 EUR x 10 km	559,20 EUR
./. 140 Tage x 10 km/Tag x 0,30 EUR/km	420,00 EUR
nicht abzugsfähige Betriebsausgaben	139,20 EUR

Die nicht abzugsfähigen Betriebsausgaben werden auf dem Konto 4655/6645 gebucht, einem Konto, das nur den handelsrechtlichen, nicht aber den steuerrechtlichen Gewinn mindert. Diese handelsrechtlich doppelte Aufwandsbuchung muss im gleichen Buchungssatz durch ein Ertragskonto wieder ausgeglichen werden. Geeignet hierfür ist das Konto 8950/4690:

Konto	Soll	Haben
4655/6645 Nicht abzugsfähige Betriebsausgaben	139,20	
8950/4690 Nicht steuerbare Umsätze		139,20

Umsatzsteuerlich wirkt sich dieser Sachverhalt nicht aus, da § 15 Abs. 1a Nr. 1 UStG nicht für den § 4 Abs. 5 Nr. 6 EStG gilt.

75. Der Unternehmer legt mit seinem betrieblichen Pkw (Anschaffung 1. Juni dieses Jahres) auch die Fahrten zwischen Wohnung und Betrieb zurück. Die 20 km (einfach) fuhr er dieses Jahr an 120 Tagen. Lt. Fahrtenbuch betrug heuer die Fahrleistung 20.000 km. Als Betriebsausgaben wurden gebucht und durch entsprechende Belege nachgewiesen:

Reparaturen, Benzin, AfA	6.000,00 EUR
Kfz-Steuer, Kfz-Versicherung	500,00 EUR.

Buchen Sie die Fahrten zwischen Wohnung und Betrieb!

Lösung:

Alle Kosten für den betrieblichen Pkw sind als Betriebsausgaben gebucht worden, also auch diejenigen für die Fahrten zwischen Wohnung und Betrieb. Für diese Fahrten ist jedoch nur der gleiche Betriebsausgabenabzug möglich, der auch lt. § 9 Abs. 1 Nr. 4 EStG als Werbungskosten angesetzt werden darf. Da in unserem Fall ein Fahrtenbuch geführt worden ist, werden die gebuchten Kosten für die Fahrten zwischen Wohnung und Betrieb entsprechend § 4 Abs. 5 Nr. 6 Satz 3 i.V.m. § 6 Abs. 1 Nr. 4 S. 3 EStG ermittelt. Danach wird zunächst die Höhe der Kosten ausgerechnet, die für diese Fahrten als Betriebsausgaben gebucht worden sind. Dazu werden die gesamten angefallenen Kosten durch die mit dem Fahrzeug gefahrenen Kilometer dividiert, im obigen Fall also 6.500,00 EUR : 20.000 km = 0,325 EUR/km. Wenn man diese mit der Anzahl der Fahrten zum Betrieb (120 Tage) und den bei jeder Fahrt zurückgelegten Kilometern (40 km hin und zurück) multipliziert, erhält man die für diese Fahrten gebuchten Kosten. Anschließend wird der Betrag abgezogen, der gem. § 9 Abs. 1 Nr. 4 EStG als Werbungskosten abgezogen werden darf. Der positive Unterschiedsbetrag stellt die nicht abzugsfähigen Betriebsausgaben. Für den obigen Fall lautet die Rechnung:

als Betriebsausgaben gebucht:	
120 Tage x 40 km/Tag x 0,325 EUR/km	1.560,00 EUR
./. 120 Tage x 20 km/Tag x 0,30 EUR/km	720,00 EUR
nicht abzugsfähige Betriebsausgaben	840,00 EUR

Die nicht abzugsfähigen Betriebsausgaben werden auf dem Konto 4655/6645 gebucht, einem Konto, das nur den handelsrechtlichen, nicht aber den steuerrechtlichen Gewinn mindert. Diese handelsrechtlich doppelte Aufwandsbuchung muss im gleichen Buchungssatz durch ein Ertragskonto wieder ausgeglichen werden. Geeignet hierfür ist das Konto 8950/4690:

Konto	Soll	Haben
4655/6645 Nicht abzugsfähige Betriebsausgaben	840,00	
8950/4690 Nicht steuerbare Umsätze		840,00

Umsatzsteuerlich wirkt sich dieser Sachverhalt nicht aus, da § 15 Abs. 1a Nr. 1 UStG nicht für den § 4 Abs. 5 Nr. 6 EStG gilt.

76. Ein Unternehmer schenkt einem Kunden Waren aus seinem Sortiment. Die Artikel hatte er zum Preis von 150,00 EUR + 16 % USt 24,00 EUR = 174,00 EUR angeschafft. Im Zeitpunkt der Schenkung ist der Nettopreis auf 160,00 EUR gestiegen. Buchen Sie die Verwendung der Waren als Kundengeschenk!

Lösung:

Da das Geschenk die im § 4 Abs. 5 Nr. 1 EStG festgelegte Grenze in Höhe von 35,00 EUR (netto) übersteigt, ist gem. § 15 Abs. 1a Nr. 1 UStG kein Vorsteuerabzug möglich. Weil beim Kauf der für den Verkauf bestimmten Waren aber Vorsteuer abgezogen worden ist, ist diese wieder auszubuchen. Dies geschieht im Rahmen einer Umbuchung, bei der die Aufwendungen für dieses Schenkung auf das entsprechende Konto gebracht werden. Die nicht abziehbare Vorsteuer gehört gem. § 9b Abs. 1 EStG zu den Anschaffungskosten:

Konto	Soll	Haben
4635/6620 Geschenke nicht abzugsfähig	174,00	
3200/5200 Wareneingang		150,00
1570/1400 Abziehbare Vorsteuer		24,00

Durch die Buchung der Schenkung werden die Aufwendungen für das Geschenk auf das Konto 4655/6645 gebracht, das nur den handelsrechtlichen, nicht aber den steuerrechtlichen Gewinn mindert. Diese handelsrechtlich doppelte Aufwandsbuchung wird durch das Konto 8939/4689 wieder ausgeglichen:

Konto	Soll	Haben
4655/6645 Nicht abzugsfähige Betriebsausgaben	174,00	
8939/4689 Unentgeltliche Zuwendung von Gegenständen		174,00

77. Ein Bausparkassenvertreter kauft für einen Geschäftsfreund ein Sachgeschenk im Wert von 32,00 EUR + 16 % USt 5,12 EUR = 37,12 EUR gegen Bankscheck. Buchen Sie den Kauf und die Schenkung.

Lösung:

Ein Bausparkassenvertreter führt aus umsatzsteuerlicher Sicht steuerfreie Umsätze gem. § 4 Nr. 11 UStG aus, weshalb für ihn lt. § 15 Abs. 2 Nr. 1 UStG ein Vorsteuerabzug nicht möglich ist. Für solche Unternehmer gilt die Grenze des § 4 Abs. 5 Nr. 1 EStG in Höhe von 35,00 EUR nicht für den Netto-, sondern für den Bruttobetrag. Deshalb überschreitet das obige Geschenk diese Freigrenze und stellt nicht abzugsfähige Betriebsausgaben dar. Die nicht abziehbare Vorsteuer gehört gem. § 9b Abs. 1 EStG zu den Anschaffungskosten.

Konto	Soll	Haben
4635/6620 Geschenke nicht abzugsfähig	37,12	
1200/1800 Kasse		37,12

Durch die Buchung der Schenkung werden die Aufwendungen für das Geschenk auf das Konto 4655/6645 gebracht, das nur den handelsrechtlichen, nicht aber den steuerrechtlichen Gewinn mindert. Diese handelsrechtlich doppelte Aufwandsbuchung wird durch das Konto 8939/4689 wieder ausgeglichen:

Konto	Soll	Haben
4655/6645 Nicht abzugsfähige Betriebsausgaben	37,12	
8939/4689 Unentgeltliche Zuwendung von Gegenständen		37,12

78. Ein Bausparkassenvertreter kauft für einen Geschäftsfreund ein Sachgeschenk im Wert von 20,00 EUR + 16 % USt 3,20 EUR = 23,20 EUR gegen Bankscheck. Buchen Sie den Kauf und die Schenkung.

Lösung:

Ein Bausparkassenvertreter führt aus umsatzsteuerlicher Sicht steuerfreie Umsätze gem. § 4 Nr. 11 UStG aus, weshalb für ihn lt. § 15 Abs. 2 Nr. 1 UStG ein Vorsteuerabzug nicht möglich ist. Für solche Unternehmer gilt die Grenze des § 4 Abs. 5 Nr. 1 EStG in Höhe von 35,00 EUR nicht für den Netto-, sondern für den Bruttobetrag. Dennoch überschreitet das obige Geschenk diese Freigrenze nicht, weshalb es keine nicht abzugsfähige Betriebsausgaben darstellt. Die nicht abziehbare Vorsteuer gehört gem. § 9b Abs. 1 EStG zu den Anschaffungskosten. Eine zusätzliche Buchung für die Schenkung ist nicht erforderlich.

Konto	Soll	Haben
4630/6610 Geschenke abzugsfähig	23,20	
1200/1800 Bank		23,20

79. Abrechnung einer zweitägigen Geschäftsreise vom 6. März 2005, 8:00 Uhr, bis 7. März, 18:00 Uhr. Die Fahrt erfolgte mit dem betrieblichen Pkw. Folgende Rechnungen werden vorgelegt:

für Übernachtungskosten	100,00 EUR + 16 % USt 16,00 EUR = 116,00 EUR
für Verpflegungskosten	69,60 EUR (einschl. 16 % USt)
Strafzettel für Falschparken	20,00 EUR

Vor Reiseantritt entnimmt der Unternehmer aus der Geschäftskasse 150,00 EUR, auf eine Erstattung des fehlenden Betrages verzichtet er. Nehmen Sie alle in diesem Zusammenhang anfallenden Buchungen vor.

Lösung:

Zunächst wird die Geldentnahme aus der Kasse vor Reiseantritt gebucht:

Konto	Soll	Haben
1500/1300 Sonstige Vermögensgegenstände	150,00	
1000/1600 Kasse		150,00

Da Rechnungen mit gesondertem Steuerausweis oder zumindest Kleinbetragsrechnungen i. S. d. § 33 UStDV vorliegen, ist ein Vorsteuerabzug gem. § 15 Abs. 1 Nr. 1 UStG möglich. Die Kosten für das Falschparken stellen nicht abzugsfähige Betriebsausgaben gem. § 4 Abs. 5 Nr. 8 EStG dar, weshalb sich die abzugsfähigen Aufwendungen nur aus den Übernachtungskosten in Höhe von 100,00 EUR und den Verpflegungskosten in Höhe von 60,00 EUR zusammensetzen und somit insgesamt 160,00 EUR betragen. Der Verzicht auf die Auszahlung der Ausgaben, die den im Voraus aus der Kasse entnommenen Betrag übersteigen, ist als eine Privateinlage gem. § 4 Abs. 1 Satz 5 EStG anzusehen.

Konto	Soll	Haben
4670/6670 Reisekosten Unternehmer	160,00	
1570/1400 Abziehbare Vorsteuer	25,60	
4655/6645 Nicht abzugsfähige Betriebsausgaben	20,00	
1500/1300 Sonstige Vermögensgegenstände		150,00
1890/2180 Privateinlagen		55,60

Für Verpflegung wurden 60,00 EUR als Aufwendungen gebucht, abzugsfähig sind gem. § 4 Abs. 5 Nr. 5 EStG jedoch nur für jeden Reisetag mit einer Abwesenheit von mindestens 14 Stunden 12,00 EUR. Der übersteigende Betrag in Höhe von 36,00 EUR stellt nicht abzugsfähige Betriebsausgaben dar, die auf dem Konto 4655/6645 gebucht werden, einem Konto, das nur den handelsrechtlichen, nicht aber den steuerrechtlichen Gewinn mindert. Diese handelsrechtlich doppelte Aufwandsbuchung muss im gleichen Buchungssatz durch ein Ertragskonto wieder ausgeglichen werden. Geeignet hierfür ist das Konto 8950/4690:

Konto	Soll	Haben
4655/6645 Nicht abzugsfähige Betriebsausgaben	36,00	
8950/4690 Nicht steuerbare Umsätze		36,00

Umsatzsteuerlich wirkt sich dieser Sachverhalt nicht aus, da § 15 Abs. 1a Nr. 1 UStG nicht für den § 4 Abs. 5 Nr. 5 EStG gilt.

80. Einem Mitarbeiter werden für eine Dienstreise vom 6. März 2005, 8:00 Uhr, bis 8. März, 13:00 Uhr, die zulässigen Pauschbeträge für Fahrt, Übernachtung und Verpflegung ersetzt. Vor Beginn der Reise wurden ihm 150,00 EUR bar ausgezahlt, den Rest erhält er überwiesen. Der Arbeitnehmer fuhr mit seinem privaten Pkw insgesamt 400 km. Nehmen Sie die Buchungen einschl. der Barauszahlung vor.

Lösung:

Zunächst wird die Barauszahlung vor Reiseantritt gebucht:

Konto	Soll	Haben
1530/1340 Forderungen gegen Personal	150,00	
1000/1600 Kasse		150,00

Folgende Pauschbeträge sind erstattungsfähig:

Fahrten mit dem eigenen Pkw 400 km x 0,30 EUR/km	120,00 EUR
2 Übernachtungen je 20,00 EUR	40,00 EUR
Mehraufwendungen für Verpflegung gem. § 4 Abs. 5 Nr. 5 EStG:	
6. März bei einer Abwesenheit von 16 Stunden	12,00 EUR
7. März bei ganztägiger Abwesenheit	24,00 EUR
8. März bei einer Abwesenheit von 13 Stunden	6,00 EUR
gesamte Aufwendungen	202,00 EUR

Die Buchung lautet deshalb:

Konto	Soll	Haben
4660/6650 Reisekosten Arbeitnehmer	202,00	
1530/1340 Forderungen gegen Personal		150,00
1200/1800 Bank		52,00

8. Privateeinlagen

81. Mit Mitteln aus unserem Privatvermögen kauften wir am 12. März 2003 ein unbebautes Grundstück für 150.000,00 EUR. Am 12. November 2005 bringen wir es in das Betriebsvermögen ein. Der Teilwert zum Tag der Einlage beträgt 200.000,00 EUR. Buchen Sie die Einlage!

Lösung:

Die Bewertung einer Einlage gem. § 4 Abs. 1 Satz 5 EStG erfolgt gem. § 6 Abs. 1 Nr. 5 EStG. Das Grundstück wird innerhalb von drei Jahren nach Anschaffung eingelegt, weshalb die Anschaffungskosten mit dem Teilwert zu vergleichen sind. Weil der Teilwert höher ist, erfolgt der Ansatz mit den Anschaffungskosten.

Konto	Soll	Haben
0062/0215 Unbebaute Grundstücke	150.000,00	
1890/2180 Privateinlagen		150.000,00

82. Mit Mitteln aus unserem Privatvermögen kauften wir am 12. März 2002 ein unbebautes Grundstück für 150.000,00 EUR. Am 12. November 2005 bringen wir es in das Betriebsvermögen ein. Der Teilwert zum Tag der Einlage beträgt 200.000,00 EUR. Buchen Sie die Einlage!

Lösung:

Die Bewertung einer Einlage gem. § 4 Abs. 1 Satz 5 EStG erfolgt gem. § 6 Abs. 1 Nr. 5 EStG. Weil das Grundstück nicht innerhalb von drei Jahren nach Anschaffung eingelegt worden ist, wird es mit dem Teilwert angesetzt.

Konto	Soll	Haben
0062/0215 Unbebaute Grundstücke	200.000,00	
1890/2180 Privateinlagen		200.000,00

83. Mit Mitteln aus unserem Privatvermögen kauften wir am 12. März 2003 ein unbebautes Grundstück für 150.000,00 EUR. Am 12. November 2005 bringen wir es in das Betriebsvermögen ein. Der Teilwert zum Tag der Einlage beträgt 120.000,00 EUR. Buchen Sie die Einlage!

Lösung:

Die Bewertung einer Einlage gem. § 4 Abs. 1 Satz 5 EStG erfolgt gem. § 6 Abs. 1 Nr. 5 EStG. Das Grundstück wird innerhalb von drei Jahren nach Anschaffung eingelegt, weshalb die Anschaffungskosten mit dem Teilwert zu vergleichen sind. Weil die Anschaffungskosten höher sind, erfolgt der Ansatz mit dem Teilwert.

Konto	Soll	Haben
0062/0215 Unbebaute Grundstücke	120.000,00	
1890/2180 Privateinlagen		120.000,00

84. Der Unternehmer hat im Januar 2004 einen Pkw für 26.000,00 EUR + 16 % USt privat angeschafft und nicht zur Einkunftserzielung verwendet. Die Nutzungsdauer beträgt 6 Jahre. Am 2. Januar 2005 legt er dieses Fahrzeug in das Betriebsvermögen ein. Teilwert des Pkw im Zeitpunkt der Einlage: 27.000,00 EUR.

Buchen Sie die Einlage und die AfA zum 31. Dezember 2005.

Lösung:

Die Bewertung einer Einlage gem. § 4 Abs. 1 Satz 5 EStG erfolgt gem. § 6 Abs. 1 Nr. 5 EStG. Der Pkw wird innerhalb von drei Jahren nach Anschaffung eingelegt, weshalb die um die bis zur Einlage eingetretene Abnutzung geminderten Anschaffungskosten mit dem Teilwert zu vergleichen sind. Ferner ist zu beachten, dass beim Kauf kein Vorsteuerabzug gem. § 15 Abs. 1 Nr. 1 UStG möglich war, weshalb die Umsatzsteuer ebenfalls zu den Anschaffungskosten zählt (§ 9b Abs. 1 EStG). Für die Abnutzung im Privatbereich wird die lineare AfA gem. § 7 Abs. 1 EStG zu Grunde gelegt, weshalb sich der Vergleichswert aus folgender Rechnung ergibt:

Anschaffungskosten	30.160,00 EUR
./. AfA für 1 Jahr	5.026,00 EUR
geminderte Anschaffungskosten	25.134,00 EUR

Die Bewertung der Einlage erfolgt mit den um die AfA geminderten Anschaffungskosten, da sie unter dem Teilwert liegen, weshalb die Einlagebuchung lautet:

Konto	Soll	Haben
0320/0520 Pkw	25.134,00	
1890/2180 Privateinlagen		25.134,00

Der lineare AfA-Satz beträgt gem. § 7 Abs. 1 EStG 100 % : 5 Jahre Restnutzungsdauer = 20 %. Damit unterschreitet er den maximalen degressiven Satz gem. § 7 Abs. 2 EStG in Höhe von 20 % nicht, weshalb linear abgeschrieben wird. Die AfA wird im Jahr der Einlage somit folgendermaßen ermittelt:

20 % von 25.134,00 EUR = 5.027,00 EUR

Die Buchung der AfA lautet:

Konto	Soll	Haben
4830/6220 Abschreibungen auf Sachanlagen	5.027,00	
0320/0520 Pkw		5.027,00

9. Lohn und Gehalt

85. Das Bruttogehalt eines Arbeitnehmers, 25 Jahre, kinderlos, beträgt 2.000,00 EUR. Rechnen Sie mit einem Lohnsteuersatz von 13,0705 %. Für die Sozialversicherung gelten die folgenden Beitragssätze: RV 19,5 %, AV 6,5 %, KV 13,6 %, PV 1,7 %. Führen Sie die Gehaltsabrechnung für Juli 2005 durch und buchen Sie, wenn noch eine Lohnpfändung in Höhe von 500,00 EUR zu berücksichtigen ist. Aus Vereinfachungsgründen kann der AG- bzw. AN-Anteil zur Sozialversicherung für alle Versicherungen in einem Betrag ermittelt werden.

Lösung:

Da der Arbeitnehmer kinderlos und nach dem 31. Dezember 1939 geboren ist sowie spätestens mit Ablauf des Vormonats das 23. Lebensjahr vollendet hat, wird bei ihm ein Zuschlag zur Pflegeversicherung in Höhe von 0,25 % erhoben, den er alleine tragen muss. Ab Juli 2005 fällt ferner für alle Arbeitnehmer ein Zuschlag zur Krankenversicherung in Höhe von 0,9 % an.

Die Prozentsätze für den AG- und den AN-Anteil errechnen sich deshalb wie folgt:

Rentenversicherung ½ von 19,5 %	9,75 %
Arbeitslosenversicherung ½ von 6,5 %	3,25 %
Krankenversicherung ½ von 13,6 %	6,80 %
Pflegeversicherung ½ von 1,7 %	0,85 %
AG-Anteil zur Sozialversicherung	20,65 %
+ Zuschlag zur Pflegeversicherung für Kinderlose	0,25 %
+ Zuschlag zur Krankenversicherung	0,90 %
AN-Anteil zur Sozialversicherung	21,80 %

Dies führt zu folgender Lohnabrechnung:

Bruttogehalt	2.000,00 EUR
./. Lohnsteuer 13,0705 % von 2.000,00 EUR	261,41 EUR
./. SolZ 5,5 % von 261,41 EUR	14,37 EUR
./. Kirchensteuer 8 % von 261,41 EUR	20,91 EUR
./. Sozialversicherung 21,8 % von 2.000,00 EUR	436,00 EUR
Nettolohn	1.267,31 EUR
./. Lohnpfändung	500,00 EUR
auszuzahlender Betrag	767,31 EUR

Die Buchung lautet deshalb:

Konto	Soll	Haben
4100/6000 Löhne und Gehälter	2.000,00	
1741/3730 Verbindlichkeiten aus Lohn- u. Kirchensteuer		296,69
1742/3740 Verbindlichkeiten i.R.d. sozialen Sicherheit		436,00
1748/3725 Verbindlichkeiten aus Einbehaltungen AN		500,00
1200/1800 Bank		767,31

Der AG-Anteil zur Sozialversicherung ist für den Arbeitnehmer gem. § 3 Nr. 62 EStG steuerfrei, beträgt 20,65 % von 2.000,00 EUR = 413,00 EUR und wird wie folgt gebucht:

Konto	Soll	Haben
4130/6110 Gesetzliche soziale Aufwendungen	413,00	
1742/3740 Verbindlichkeiten i.R.d. sozialen Sicherheit		413,00

86. Ein Arbeitnehmer erhält einen Lohnvorschuss in Höhe von 300,00 EUR bar. Die Verrechnung erfolgt mit der nächsten Lohnzahlung.

Lösung:

Die Buchung lautet:

Konto	Soll	Haben
1530/1340 Forderungen gegen Personal	300,00	
1000/1600 Kasse		300,00

87. Für einen verheirateten Mitarbeiter mit einem erwachsenen Kind ist die Gehaltsabrechnung für Dezember 2005 durchzuführen. Das im Arbeitsvertrag vereinbarte Bruttogehalt beläuft sich auf 3.900,00 EUR. Dabei ist auch zu berücksichtigen, dass die Miete für eine Werkswohnung in Höhe von 500,00 EUR vom Lohn abgezogen wird. Die ortsübliche Miete für vergleichbare Wohnungen beträgt 600,00 EUR. Im Dezember hat der Arbeitnehmer zu seinem Geburtstag ein Sachgeschenk erhalten, das für 60,00 EUR + 16 % USt 9,60 EUR = 69,60 EUR eingekauft und als Betriebsausgabe gebucht worden ist. Bei der Gehaltsabrechnung ist noch zu berücksichtigen, dass auf der Lohnsteuerkarte ein monatlicher Freibetrag in Höhe von 300,00 EUR eingetragen wurde. Legen Sie der Abrechnung einen Lohnsteuersatz von 12,7423 % zu Grunde. Für die Sozialversicherung gelten die folgenden Beitragssätze: RV 19,5 %, AV 6,5 %, KV 13,6 %, PV 1,7 %. Die Beitragsbemessungsgrenzen betragen 5.200,00 EUR bzw. 3.525,00 EUR. Erstellen Sie die Gehaltsabrechnung und buchen Sie zum 31. Dezember 2005, wenn die Banküberweisung des Gehalts erst im Januar 2006 erfolgt!

Lösung:

Da das Geschenk 40,00 EUR (brutto) übersteigt, handelt es sich nicht mehr um eine Aufmerksamkeit, weshalb es in voller (Brutto-)Höhe lohnsteuerpflichtig ist. Umsatzsteuerrechtlich liegt eine unentgeltliche Lieferung gem. § 3 Abs. 1 Nr. 2 UStG vor, deren Steuerbarkeit sich aus § 1 Abs. 1 Nr. 1 UStG ergibt. Bemessungsgrundlage ist lautet § 10 Abs. 4 Nr. 1 UStG der Nettoeinkaufspreis in Höhe von 60,00 EUR.

Die vermietete Wohnung liegt um 100,00 EUR unter der ortsüblichen Miete. Dieser geldwerte Vorteil übersteigt die Freigrenze des § 8 Abs. 2 EStG in Höhe von 44,00 EUR und wird somit in voller Höhe der Lohnsteuer und der Sozialversicherung unterworfen. Umsatzsteuerlich wirkt sich dieser Sachverhalt nicht aus, da eine Vermietung steuerfrei ist (§ 4 Nr. 12 a) UStG).

Ab Juli 2005 fällt für alle Arbeitnehmer ein Zuschlag zur Krankenversicherung in Höhe von 0,9 % an.

Die Prozentsätze für den AG- und den AN-Anteil errechnen sich deshalb wie folgt:

Rentenversicherung ½ von 19,5 %	9,75 %
Arbeitslosenversicherung ½ von 6,5 %	3,25 %
Krankenversicherung ½ von 13,6 %	6,80 %
Pflegeversicherung ½ von 1,7 %	0,85 %
AG-Anteil zur Sozialversicherung	20,65 %
+ Zuschlag zur Krankenversicherung	0,90 %
AN-Anteil zur Sozialversicherung	21,55 %

Da der steuer- und sozialversicherungspflichtige Arbeitslohn die Beitragsbemessungsgrenze für die Renten- und Arbeitslosenversicherung übersteigt, wird der Beitrag für diese beiden Versicherungen von dieser Grenze berechnet. Dies ergibt folgende Gehaltsabrechnung:

Bruttogehalt	3.900,00 EUR
Sachgeschenk	69,60 EUR
geldwerter Vorteil Wohnung	100,00 EUR
SV-pflichtiger Arbeitslohn	4.069,60 EUR
./. Freibetrag	300,00 EUR
steuerpflichtiger Arbeitslohn	3.769,60 EUR
./. Lohnsteuer 12,7423 % von 3.769,60 EUR	480,33 EUR
./. SolZ 5,5 % von 480,33 EUR	26,41 EUR
./. Kirchensteuer 8 % von 480,33 EUR	38,43 EUR
./. RV, AV 13 % von 4.069,60 EUR	529,05 EUR
./. KV, PV 8,55 % von 3.525,00 EUR	301,39 EUR
Nettolohn	2.393,99 EUR
./. Sachgeschenk	69,60 EUR
./. geldwerter Vorteil	100,00 EUR
./. Miete Werkswohnung	500,00 EUR
+ Freibetrag	300,00 EUR
auszuzahlender Betrag	2.024,39 EUR

Die Buchung lautet deshalb:

Konto	Soll	Haben
4100/6000 Löhne und Gehälter	4.000,00	
4145/6060 freiwillige soziale Aufwendungen, lohnsteuerpfl.	69,60	
1741/3730 Verbindlichkeiten aus Lohn- u. Kirchensteuer		545,17
1742/3740 Verbindlichkeiten i.R.d. sozialen Sicherheit		830,44
2750/4860 Grundstückserträge		500,00
8935/4686 Unentgeltliche Zuwendungen von Gegenständen		60,00
1770/3800 Umsatzsteuer		9,60
8614/4949 Verrechnete sonstige Sachbezüge ohne USt		100,00
1740/3720 Verbindlichkeiten aus Lohn und Gehalt		2.024,39

Der AG-Anteil zur Sozialversicherung ist für den Arbeitnehmer gem. § 3 Nr. 62 EStG steuerfrei und setzt sich zusammen aus:

RV, AV 13 % von 4.069,60 EUR	529,05 EUR
KV, PV 7,65 % von 3.525,00 EUR	269,66 EUR
=	798,71 EUR

Konto	Soll	Haben
4130/6110 Gesetzliche soziale Aufwendungen	798,71	
1742/3740 Verbindlichkeiten i.R.d. sozialen Sicherheit		798,71

88. Ein Arbeitnehmer (Steuerklasse III, Kinder nicht mehr steuerlich zu berücksichtigen) bezieht ein Bruttogehalt von 3.000,00 EUR. Auf seinen Wertpapiersparvertrag lässt er vermögenswirksame Leistungen in Höhe von 39,00 EUR überweisen, wovon der Arbeitgeber 26,00 EUR zahlt. Für die Sozialversicherung gelten die folgenden Beitragssätze: RV 19,5 %, AV 6,5 %, KV 13,6 %, PV 1,7 %. Die Sozialversicherung darf in einem Betrag ermittelt werden. Aus Vereinfachungsgründen ist mit einem Lohnsteuersatz von 9,176 % zu rechnen. Führen Sie die Gehaltsabrechnung durch und nehmen Sie die Buchungen vor, wenn das Gehalt per Bank überwiesen wird!

Lösung:

Bei der Buchung der vermögenswirksamen Leistungen ist zu beachten, dass der Arbeitgeber-Anteil im Soll auf 4170/6080 Vermögenswirksame Leistungen erscheinen muss, während die gesamten VL im Haben auf das Konto 1750/3770 Verbindlichkeiten aus Vermögensbildung gehören.

Ab Juli 2005 fällt für alle Arbeitnehmer ein Zuschlag zur Krankenversicherung in Höhe von 0,9 % an.

Die Prozentsätze für den AG- und den AN-Anteil errechnen sich deshalb wie bei Aufgabe 3.

Die Gehaltsabrechnung lautet dementsprechend:

Bruttogehalt	3.000,00 EUR
+ VL Arbeitgeber	26,00 EUR
lohnsteuer- und SV-pflichtiger Arbeitslohn	3.026,00 EUR
./. Lohnsteuer 9,176 % von 3.026,00 EUR	277,67 EUR
./. SolZ 5,5 % von 277,67 EUR	15,27 EUR
./. Kirchensteuer 8 % von 277,67 EUR	22,21 EUR
./. SV 21,55 % von 3.026,00 EUR	652,10 EUR
Nettogehalt	2.058,75 EUR
./. VL gesamt	39,00 EUR
auszuzahlender Betrag	2.019,75 EUR

Die Buchung lautet daher:

Konto	Soll	Haben
4100/6000 Löhne und Gehälter	3.000,00	
4170/6080 Vermögenswirksame Leistungen	26,00	
1741/3730 Verbindlichkeiten aus Lohn- u. Kirchensteuer		315,15
1742/3740 Verbindlichkeiten i.R.d. sozialen Sicherheit		652,10
1750/3770 Verbindlichkeiten aus Vermögensbildung		39,00
1200/1800 Bank		2.019,75

Der AG-Anteil zur Sozialversicherung ist für den Arbeitnehmer gem. § 3 Nr. 62 EStG steuerfrei, beträgt 20,65 % von 3.026,00 EUR = 624,87 EUR und wird wie folgt gebucht:

Konto	Soll	Haben
4130/6110 Gesetzliche soziale Aufwendungen	624,87	
1742/3740 Verbindlichkeiten i.R.d. sozialen Sicherheit		624,87

89. Ein Arbeitgeber aus Weiden in der Oberpfalz ersetzt seinem Arbeitnehmer die Aufwendungen für die Fahrten zwischen Wohnung und Arbeitsstätte bar mit 0,30 € je Entfernungskilometer. Die Erstattung erfolgt zusätzlich zum ohnehin geschuldeten Arbeitslohn. Der Arbeitnehmer fährt nachweislich an 20 Tagen mit seinem eigenen Pkw zur Arbeit. Die einfache Entfernung beträgt 25 km. Der Arbeitgeber pauschaliert die Fahrtkostenerstattung.

Lösung:

Die Höhe der Fahrtkostenerstattung entspricht dem maximal pauschalierbaren Betrag aus § 9 Abs. 1 Nr. 4 EStG. Dies sind hier: 20 Tage x 25 km/Tag x 0,30 EUR/km = 150,00 EUR.

Die erste Buchung lautet deshalb:

Konto	Soll	Haben
4175/6090 Fahrtkostenerstattung Wohnung/Arbeitsstätte	150,00	
1000/1600 Kasse		150,00

Lt. § 40 Abs. 2 EStG erfolgt die Pauschalierung mit 15 %. Hinzu kommen noch der Solidaritätszuschlag in Höhe von 15 % und die ermäßigte pauschale Kirchensteuer, die in Bayern 7 % beträgt.

Die gesamten pauschalen Steuern können aus folgender Rechnung entnommen werden:

pauschale Lohnsteuer 15 % von 150,00 EUR	22,50 EUR
+ Solidaritätszuschlag 5,5 % von 22,50 EUR	1,23 EUR
+ pauschale Kirchensteuer 7 % von 22,50 EUR	1,57 EUR
	25,30 EUR

Dies ergibt den zweiten Buchungssatz:

Konto	Soll	Haben
4149/6069 Pauschale Steuer auf sonstige Bezüge	25,30	
1741/3730 Verbindlichkeiten aus Lohn- u. Kirchensteuer		25,30

90. Ein Arbeitgeber aus Weiden in der Oberpfalz zahlt einem Arbeitnehmer 50,00 EUR per Scheck zusätzlich zum ohnehin geschuldeten Arbeitslohn als Zuschuss zu dessen Fahrten zwischen Wohnung und Arbeitsstätte, die der Arbeitnehmer an 15 Tagen mit seinem Pkw unternommen hat. Die einfache Entfernung zwischen Wohnung und Arbeitsstätte beträgt 12 km. Der Arbeitgeber pauschaliert die Fahrtkostenerstattung.

Lösung:

Maximal pauschalierbar sind die abzugsfähigen Werbungskosten gem. § 9 Abs. 1 Nr. 4 EStG in Höhe von 15 Tage x 12 km/Tag x 0,30 EUR = 54,00 EUR. Die Fahrtkostenerstattung liegt unter diesem Betrag und kann somit in voller Höhe der Pauschalbesteuerung unterworfen werden.

Der erste Buchungssatz lautet:

Konto	Soll	Haben
4175/6090 Fahrtkostenerstattung Wohnung/Arbeitsstätte	50,00	
1200/1800 Bank		50,00

Lt. § 40 Abs. 2 EStG erfolgt die Pauschalierung mit 15 %. Hinzu kommen noch der Solidaritätszuschlag in Höhe von 5,5 % und die ermäßigte pauschale Kirchensteuer, die in Bayern 7 % beträgt.

Die gesamten pauschalen Steuern können aus folgender Rechnung entnommen werden:

pauschale Lohnsteuer 15 % von 50,00 EUR	7,50 EUR
+ Solidaritätszuschlag 5,5 % von 7,50 EUR	0,41 EUR
+ pauschale Kirchensteuer 7 % von 7,50 EUR	0,52 EUR
	8,43 EUR

Dies ergibt den zweiten Buchungssatz:

Konto	Soll	Haben
4149/6069 Pauschale Steuer auf sonstige Bezüge	8,43	
1741/3730 Verbindlichkeiten aus Lohn- u. Kirchensteuer		8,43

91. Ein Arbeitnehmer ist Vater von Zwillingen geworden. Der Arbeitgeber zahlt ihm deshalb 630,00 EUR per Banküberweisung.

Lösung:

Da gem. § 3 Nr. 15 EStG pro Kind 315,00 EUR steuerfrei sind, wird diese Sonderzahlung nicht der Lohnsteuer und der Sozialversicherung unterworfen.

Die Buchung lautet deshalb:

Konto	Soll	Haben
4140/6130 Freiwillige soziale Aufwendungen, lohnsteuerfrei	630,00	
1200/1800 Bank		630,00

92. Ein Arbeitnehmer (22 Jahre, Lohnsteuerklasse 4) hat geheiratet. Der Arbeitgeber zahlt ihm aus Anlass der Hochzeit 700,00 EUR. Das laufende Gehalt beträgt 2.800,00 EUR. Für die Sozialversicherung gelten die folgenden Beitragssätze: RV 19,5 %, AV 6,5 %, KV 13,6 %, PV 1,7 %. Die Sozialversicherung darf in einem Betrag ermittelt werden. Aus Vereinfachungsgründen ist mit einem Lohnsteuersatz von 6,677 % zu rechnen. Die Gehaltszahlung erfolgt per Bank.

Lösung:

Gem. § 3 Nr. 15 EStG sind 315,00 EUR der Heiratsbeihilfe steuerfrei. Die restliche Zahlung in Höhe von 385,00 EUR unterliegt der Besteuerung und der Sozialversicherung.

Ab Juli 2005 fällt für alle Arbeitnehmer ein Zuschlag zur Krankenversicherung in Höhe von 0,9 % an.

Die Prozentsätze für den AG- und den AN-Anteil errechnen sich somit wie bei Aufgabe 3.

Deshalb lautet die Gehaltsabrechnung wie folgt:

Bruttogehalt	2.800,00 EUR
+ stpfl. Heiratszulage	385,00 EUR
lohnsteuer- und SV-pflichtiger Arbeitslohn	3.185,00 EUR
./. Lohnsteuer 6,677 % von 3.185,00 EUR	212,66 EUR
./. SolZ 5,5 % von 212,66 EUR	11,69 EUR
./. Kirchensteuer 8 % von 212,66 EUR	17,01 EUR
./. SV 21,55 % von 3.185,00 EUR	686,37 EUR
Nettogehalt	2.257,27 EUR
+ steuerfreie Heiratszulage	315,00 EUR
auszuzahlender Betrag	2.572,27 EUR

Dies ergibt folgende Buchung:

Konto	Soll	Haben
4100/6000 Löhne und Gehälter	2.800,00	
4145/6060 freiwillige soziale Aufwendungen, lohnsteuerpfl.	385,00	
4140/6130 Freiwillige soziale Aufwendungen, lohnsteuerfrei	315,00	
1741/3730 Verbindlichkeiten aus Lohn- u. Kirchensteuer		241,36
1742/3740 Verbindlichkeiten i.R.d. sozialen Sicherheit		686,37
1200/1800 Bank		2.572,27

Der AG-Anteil zur Sozialversicherung ist für den Arbeitnehmer gem. § 3 Nr. 62 EStG steuerfrei, beträgt 20,65 % von 3.185,00 EUR = 657,70 EUR und wird wie folgt gebucht:

Konto	Soll	Haben
4130/6110 Gesetzliche soziale Aufwendungen	657,70	
1742/3740 Verbindlichkeiten i.R.d. sozialen Sicherheit		657,70

93. Ein Arbeitnehmer durfte einen betrieblichen Pkw den ganzen Monat (15 Arbeitstage) auch privat sowie für Fahrten zwischen seiner Wohnung und der 20 km entfernten Arbeitsstätte nutzen. Der inländische Listenpreis betrug im Zeitpunkt der Erstzulassung: 22.825,00 EUR + Sonderausstattung 2.000,00 EUR = 24.825,00 EUR + 16 % USt 3.972,00 EUR = 28.797,00 EUR. Die Steuer für den geldwerten Vorteil trägt der Arbeitnehmer selbst. Daneben bezog der Arbeitnehmer (Lohnsteuerklasse III, ein Kind, das nicht mehr steuerlich berücksichtigt wird) ein tarifliches Gehalt in Höhe von 2.900,00 EUR. Für die Sozialversicherung gelten die folgenden Beitragssätze: RV 19,5 %, AV 6,5 %, KV 13,6 %, PV 1,7 %. Die Sozialversicherung darf in einem Betrag ermittelt werden. Aus Gründen der Vereinfachung ist mit einem Lohnsteuersatz von 11,0294 % zu rechnen. Führen Sie die Lohnabrechnung durch und nehmen Sie die erforderlichen Buchungen vor, wenn die Gehaltszahlung per Banküberweisung erfolgt!

Lösung:

Die Pkw-Gestellung stellt für den Arbeitnehmer einen geldwerten Vorteil dar. Dieser errechnet sich gem. § 8 Abs. 2 i. V. m. § 6 Abs. 1 Nr. 4 S. 2 EStG wie folgt:

Privatfahrten 1 % von 28.700,00 EUR =	287,00 EUR
Fahrten Wohnung - Arbeitsstätte 0,03 % von 28.700,00 EUR x 20 km	172,20 EUR
geldwerter Vorteil	459,20 EUR

Aus umsatzsteuerrechtlicher Sicht handelt es sich bei der Pkw-Gestellung um eine sonstige Leistung gem. § 3 Abs. 9 UStG. Da der Arbeitnehmer diese Leistung mit seiner Arbeitsleistung „bezahlt", liegt hier ein tauschähnlicher Umsatz gem. § 3 Abs. 12 S. 2 UStG vor, der hinsichtlich der Steuerbarkeit unter § 1 Abs. 1 Nr. 1 UStG fällt. Die Bemessungsgrundlage ist gem. § 10 Abs. 2 i. V. m. Abs. 1 UStG der Nettowert des geldwerten Vorteils. Die Umsatzsteuer entsteht laut § 13 Abs. 1 Nr. 1 a) UStG im Monat der Pkw-Gestellung.

Ab Juli 2005 fällt für alle Arbeitnehmer ein Zuschlag zur Krankenversicherung in Höhe von 0,9 % an.

Die Prozentsätze für den AG- und den AN-Anteil errechnen sich somit wie bei Aufgabe 3.

Die Gehaltsabrechnung hat folgendes Aussehen:

Bruttogehalt	2.900,00 EUR
geldwerter Vorteil	459,20 EUR
lohnsteuer- und SV-pflichtiger Arbeitslohn	3.359,20 EUR
./. Lohnsteuer 11,0294 % von 3.359,20 EUR	370,49 EUR
./. SolZ 5,5 % von 370,49 EUR	20,37 EUR
./. Kirchensteuer 8 % von 370,49 EUR	29,63 EUR
./. Sozialversicherung 21,55 % von 3.359,20 EUR	723,91 EUR
Nettogehalt	2.214,80 EUR
./. geldwerter Vorteil	459,20 EUR
auszuzahlender Betrag	1.755,60 EUR

Die Buchung lautet deshalb:

Konto	Soll	Haben
4100/6000 Löhne und Gehälter	3.359,20	
1741/3730 Verbindlichkeiten aus Lohn- u. Kirchensteuer		420,49
1742/3740 Verbindlichkeiten i.R.d. sozialen Sicherheit		723,91
8611/4947 Verrechnete sonstige Sachbezüge		395,86
1770/3800 Umsatzsteuer		63,34
1200/1800 Bank		1.755,60

Der AG-Anteil zur Sozialversicherung ist für den Mitarbeiter gem. § 3 Nr. 62 EStG steuerfrei, beträgt 20,65 % von 3.359,20 EUR = 693,67 EUR und wird wie folgt gebucht:

Konto	Soll	Haben
4130/6110 Gesetzliche soziale Aufwendungen	693,67	
1742/3740 Verbindlichkeiten i.R.d. sozialen Sicherheit		693,67

94. Ein Arbeitnehmer eines Unternehmens aus Weiden i. d. Oberpfalz durfte einen betrieblichen Pkw den ganzen Monat auch privat sowie für Fahrten zwischen seiner Wohnung und der 20 km entfernten Arbeitsstätte nutzen. Der inländische Listenpreis betrug im Zeitpunkt der Erstzulassung: 22.825,00 EUR + Sonderausstattung 2.000,00 EUR = 24.825,00 EUR + 16 % USt 3.972,00 EUR = 28.797,00 EUR. Daneben bezog der Arbeitnehmer (Lohnsteuerklasse III, ein Kind, das nicht mehr steuerlich berücksichtigt wird) ein tarifliches Gehalt in Höhe von 2.800,00 EUR. Für die Sozialversicherung gelten die folgenden Beitragssätze: RV 19,5 %, AV 6,5 %, KV 13,6 %, PV 1,7 %. Die Sozialversicherung darf in einem Betrag ermittelt werden. Aus Gründen der Vereinfachung ist mit einem Lohnsteuersatz von 10,0974 % zu rechnen. Der Arbeitgeber übernimmt die pauschale Lohnsteuer für die Fahrten zwischen Wohnung und Betrieb, die der Arbeitnehmer an 15 Tagen zurücklegte. Führen Sie die Lohnabrechnung durch und nehmen Sie die erforderlichen Buchungen vor, wenn die Gehaltszahlung per Banküberweisung erfolgt!

Lösung:

Die Pkw-Gestellung stellt für den Arbeitnehmer einen geldwerten Vorteil dar. Dieser errechnet sich gem. § 8 Abs. 2 i. V. m. § 6 Abs. 1 Nr. 4 S. 2 EStG wie folgt:

Privatfahrten 1 % von 28.700,00 EUR =	287,00 EUR
Fahrten Wohnung - Arbeitsstätte 0,03 % von 28.700,00 EUR x 20 km	172,20 EUR
geldwerter Vorteil	459,20 EUR

Für die Fahrten zwischen Wohnung und Betrieb ist gem. § 40 Abs. 2 EStG eine Lohnsteuerpauschalierung maximal in Höhe des Betrages möglich, der gem. § 9 Abs. 1 Nr. 4 EStG als Werbungskosten abgezogen werden könnte. Dieser errechnet sich wie folgt:

15 Tage x 20 km/Tag x 0,30 EUR/km = 90,00 EUR.

Aus umsatzsteuerrechtlicher Sicht handelt es sich bei der Pkw-Gestellung um eine sonstige Leistung gem. § 3 Abs. 9 UStG. Da der Arbeitnehmer diese Leistung mit seiner Arbeitsleistung „bezahlt", liegt hier ein tauschähnlicher Umsatz gem. § 3 Abs. 12 S. 2 UStG vor, der hinsichtlich der Steuerbarkeit unter § 1 Abs. 1 Nr. 1 UStG fällt. Die Bemessungsgrundlage ist gem. § 10 Abs. 2 i. V. m. Abs. 1 UStG der Nettowert des geldwerten Vorteils. Die Umsatzsteuer entsteht laut § 13 Abs. 1 Nr. 1 a) UStG im Monat der Pkw-Gestellung.

Ab Juli 2005 fällt für alle Arbeitnehmer ein Zuschlag zur Krankenversicherung in Höhe von 0,9 % an.

Die Prozentsätze für den AG- und den AN-Anteil errechnen sich somit wie bei Aufgabe 3.

Die Gehaltsabrechnung hat folgendes Aussehen:

geldwerter Vorteil	459,20 EUR
./. pauschal versteuert	90,00 EUR
LSt- und SV-pflichtiger geldwerter Vorteil	369,20 EUR
Bruttogehalt	2.800,00 EUR
lohnsteuer- und SV-pflichtiger Arbeitslohn	3.169,20 EUR
./. Lohnsteuer 10,0974 % von 3.169,20 EUR	320,00 EUR
./. SolZ 5,5 % von 320,00 EUR	17,60 EUR
./. Kirchensteuer 8 % von 320,00 EUR	25,60 EUR
./. Sozialversicherung 21,55 % von 3.169,20 EUR	682,96 EUR
Nettogehalt	2.123,04 EUR
./. geldwerter Vorteil	369,20 EUR
auszuzahlender Betrag	1.753,84 EUR

Die Buchung lautet deshalb:

Konto	Soll	Haben
4100/6000 Löhne und Gehälter	3.259,20	
1741/3730 Verbindlichkeiten aus Lohn- u. Kirchensteuer		363,20
1742/3740 Verbindlichkeiten i.R.d. sozialen Sicherheit		682,96
8611/4947 Verrechnete sonstige Sachbezüge		395,86
1770/3800 Umsatzsteuer		63,34
1200/1800 Bank		1.753,84

Lt. § 40 Abs. 2 EStG erfolgt die Pauschalierung mit 15 %. Hinzu kommen noch der Solidaritätszuschlag in Höhe von 15 % und die ermäßigte pauschale Kirchensteuer, die in Bayern 7 % beträgt.

Die gesamten pauschalen Steuern können aus folgender Rechnung entnommen werden:

pauschale Lohnsteuer 15 % von 90,00 EUR	13,50 EUR
+ Solidaritätszuschlag 5,5 % von 13,50 EUR	0,74 EUR
+ pauschale Kirchensteuer 7 % von 13,50 EUR	0,94 EUR
	15,18 EUR

Dies ergibt den zweiten Buchungssatz:

Konto	Soll	Haben
4149/6069 Pauschale Steuer auf sonstige Bezüge	15,18	
1741/3730 Verbindlichkeiten aus Lohn- u. Kirchensteuer		15,18

Der AG-Anteil zur Sozialversicherung ist für den Mitarbeiter gem. § 3 Nr. 62 EStG steuerfrei, beträgt 20,65 % von 3.169,20 EUR = 654,44 EUR und wird wie folgt gebucht:

Konto	Soll	Haben
4130/6110 Gesetzliche soziale Aufwendungen	654,44	
1742/3740 Verbindlichkeiten i.R.d. sozialen Sicherheit		654,44

95. Ein Arbeitnehmer eines Unternehmens aus Weiden i. d. Oberpfalz durfte einen betrieblichen Pkw den ganzen Monat auch privat sowie für Fahrten zwischen seiner Wohnung und der 20 km entfernten Arbeitsstätte nutzen. Der inländische Listenpreis einschl. Sonderausstattung betrug im Zeitpunkt der Erstzulassung 14.000,00 EUR (brutto). Daneben bezog der Arbeitnehmer (Lohnsteuerklasse III, ein Kind, das nicht mehr steuerlich berücksichtigt wird) ein tarifliches Gehalt in Höhe von 2.950,00 EUR. Für die Sozialversicherung gelten die folgenden Beitragssätze: RV 19,5 %, AV 6,5 %, KV 13,6 %, PV 1,7 %. Die Sozialversicherung darf in einem Betrag ermittelt werden. Aus Gründen der Vereinfachung ist mit einem Lohnsteuersatz von 9,5955 % zu rechnen. Der Arbeitgeber übernimmt die pauschale Lohnsteuer für die Fahrten zwischen Wohnung und Betrieb, die der Arbeitnehmer an 15 Tagen zurücklegte. Führen Sie die Lohnabrechnung durch und nehmen Sie die erforderlichen Buchungen vor, wenn die Gehaltszahlung per Banküberweisung erfolgt!

Lösung:

Die Pkw-Gestellung stellt für den Arbeitnehmer einen geldwerten Vorteil dar. Dieser errechnet sich gem. § 8 Abs. 2 i. V. m. § 6 Abs. 1 Nr. 4 S. 2 EStG wie folgt:

Privatfahrten 1 % von 14.000,00 EUR	140,00 EUR
Fahrten Wohnung - Arbeitsstätte 0,03 % von 14.000,00 EUR x 20 km	84,00 EUR
geldwerter Vorteil	224,00 EUR

Für die Fahrten zwischen Wohnung und Betrieb ist gem. § 40 Abs. 2 EStG eine Lohnsteuerpauschalierung maximal in Höhe des Betrages möglich, der gem. § 9 Abs. 1 Nr. 4 EStG als Werbungskosten abgezogen werden könnte. Dieser errechnet sich wie folgt:

15 Tage x 20 km/Tag x 0,30 EUR/km = 90,00 EUR.

Der geldwerte Vorteil für diese Pkw-Nutzung liegt jedoch unter dem Höchstbetrag, sodass 84,00 EUR pauschaliert werden können.

Aus umsatzsteuerrechtlicher Sicht handelt es sich bei der Pkw-Gestellung um eine sonstige Leistung gem. § 3 Abs. 9 UStG. Da der Arbeitnehmer diese Leistung mit seiner Arbeitsleistung „bezahlt", liegt hier ein tauschähnlicher Umsatz gem. § 3 Abs. 12 S. 2 UStG vor, der hinsichtlich der Steuerbarkeit unter § 1 Abs. 1 Nr. 1 UStG fällt. Die Bemessungsgrundlage ist gem. § 10 Abs. 2 i. V. m. Abs. 1 UStG der Nettowert des geldwerten Vorteils. Die Umsatzsteuer entsteht laut § 13 Abs. 1 Nr. 1 a) UStG im Monat der Pkw-Gestellung.

Ab Juli 2005 fällt für alle Arbeitnehmer ein Zuschlag zur Krankenversicherung in Höhe von 0,9 % an.

Die Prozentsätze für den AG- und den AN-Anteil errechnen sich somit wie bei Aufgabe 3.

Die Gehaltsabrechnung hat folgendes Aussehen:

geldwerter Vorteil	224,00 EUR
./. pauschal versteuert	84,00 EUR
LSt- und SV-pflichtiger geldwerter Vorteil	140,00 EUR
Bruttogehalt	2.950,00 EUR
lohnsteuer- und SV-pflichtiger Arbeitslohn	3.090,00 EUR
./. Lohnsteuer 9,5955 % von 3.090,00 EUR	296,50 EUR
./. SolZ 5,5 % von 296,50 EUR	16,30 EUR
./. Kirchensteuer 8 % von 296,50 EUR	23,72 EUR
./. Sozialversicherung 21,55 % von 3.090,00 EUR	665,90 EUR
Nettogehalt	2.087,58 EUR
./. geldwerter Vorteil	140,00 EUR
auszuzahlender Betrag	1.947,58 EUR

Die Buchung lautet deshalb:

Konto	Soll	Haben
4100/6000 Löhne und Gehälter	3.174,00	
1741/3730 Verbindlichkeiten aus Lohn- u. Kirchensteuer		336,52
1742/3740 Verbindlichkeiten i.R.d. sozialen Sicherheit		665,90
8611/4947 Verrechnete sonstige Sachbezüge		193,10
1770/3800 Umsatzsteuer		30,90
1200/1800 Bank		1.947,58

Lt. § 40 Abs. 2 EStG erfolgt die Pauschalierung mit 15 %. Hinzu kommen noch der Solidaritätszuschlag in Höhe von 5,5 % und die ermäßigte pauschale Kirchensteuer, die in Bayern 7 % beträgt.

Die gesamten pauschalen Steuern können aus folgender Rechnung entnommen werden:

pauschale Lohnsteuer 15 % von 84,00 EUR	12,60 EUR
+ Solidaritätszuschlag 5,5 % von 12,60 EUR	0,69 EUR
+ pauschale Kirchensteuer 7 % von 12,60 EUR	0,88 EUR
	14,17 EUR

Dies ergibt den zweiten Buchungssatz:

Konto	Soll	Haben
4149/6069 Pauschale Steuer auf sonstige Bezüge	14,17	
1741/3730 Verbindlichkeiten aus Lohn- u. Kirchensteuer		14,17

Der AG-Anteil zur Sozialversicherung ist für den Mitarbeiter gem. § 3 Nr. 62 EStG steuerfrei, beträgt 20,65 % von 3.090,00 EUR = 638,09 EUR und wird wie folgt gebucht:

Konto	Soll	Haben
4130/6110 Gesetzliche soziale Aufwendungen	638,09	
1742/3740 Verbindlichkeiten i.R.d. sozialen Sicherheit		638,09

96. **Ein Auszubildender (Steuerklasse I, 18 Jahre) erhält eine monatliche Ausbildungsvergütung in Höhe von 300,00 EUR durch Banküberweisung. Steuern fallen keine an. Für die Sozialversicherung gelten die folgenden Beitragssätze: RV 19,5 %, AV 6,5 %, KV 13,6 %, PV 1,7 %. Die Sozialversicherung darf in einem Betrag ermittelt werden. Nehmen Sie die entsprechenden Buchungen vor!**

Lösung:

Da keine Steuer anfällt und bei Ausbildungsvergütungen, die 325,00 EUR nichtübersteigen, der Arbeitgeber den vollen Sozialversicherungsbeitrag tragen muss, wird dem Auszubildenden nichts abgezogen. Die Auszahlungsbuchung lautet deshalb:

Konto	Soll	Haben
4100/6000 Löhne und Gehälter	300,00	
1200/1800 Bank		300,00

Die gesamte Sozialversicherung umfasst auch den Zuschlag des Arbeitnehmers zur Krankenversicherung. Die folgende Rechnung zeigt auf, wie man auf den Prozentsatz für die Sozialversicherung kommt:

Rentenversicherung ½ von 19,5 %	9,75 %
Arbeitslosenversicherung ½ von 6,5 %	3,25 %
Krankenversicherung ½ von 13,6 %	6,80 %
Pflegeversicherung ½ von 1,7 %	0,85 %
AG-Anteil zur Sozialversicherung	20,65 %
+ Zuschlag zur Krankenversicherung	0,90 %
AN-Anteil zur Sozialversicherung	21,55 %

AG- und des AN-Anteil betragen zusammen 42,2 %, bezogen auf die Ausbildungsvergütung in Höhe von 300,00 EUR ergibt sich eine gesamte Sozialversicherung in Höhe von 42,2 % von 300,00 EUR = 126,60 EUR.

Die dazugehörige Buchung lautet:

Konto	Soll	Haben
4130/6110 Gesetzliche soziale Aufwendungen	126,60	
1742/3740 Verbindlichkeiten i.R.d. sozialen Sicherheit		126,60

97. Ein verheirateter Arbeitnehmer mit minderjährigem Kind hat von seinem Arbeitgeber (Autohändler) im Dezember einen Pkw aus dem Verkaufslager, der für Kunden 27.500,00 EUR (brutto) kosten würde, für 22.800,00 EUR (brutto) gegen Bankscheck gekauft. Buchen Sie den Verkauf an den Arbeitnehmer und die Gehaltsabrechnung, wenn das reguläre Bruttogehalt 3.990,50 EUR, LSt, SolZ und Kirchensteuer 1.518,40 EUR und bei der Sozialversicherung der Arbeitnehmer-Anteil 1.199,75 EUR sowie der Arbeitgeber-Anteil 1.168,02 EUR betragen. Die Gehaltszahlung erfolgt per Banküberweisung. Der Arbeitnehmer hat dieses Jahr bereits im Rahmen der verbilligten Warenabgabe einen geldwerten Vorteil in Höhe von 400,00 EUR erlangt.

Lösung:

Beim Verkauf des Pkw handelt es sich aus umsatzsteuerlicher Sicht um eine Lieferung gem. § 3 Abs. 1 UStG, die zu den steuerbaren Umsätzen des § 1 Abs. 1 Nr. 1 UStG gehört. Bemessungsgrundlage gem. § 10 Abs. 1 UStG ist das Nettoentgelt. Die Umsatzsteuer entsteht laut § 13 Abs. 1 Nr. 1 a) UStG in dem Voranmeldungszeitraum, in dem die Lieferung ausgeführt worden ist.

Die Verkaufsbuchung lautet deshalb:

Konto	Soll	Haben
1200/1800 Bank	22.800,00	
8000/4000 Umsatzerlöse		19.655,17
1770/3800 Umsatzsteuer		3.144,83

Bei der Ermittlung des steuerpflichtigen geldwerten Vorteils gem. § 8 Abs. 3 EStG ist zu beachten, dass es sich bei dem Rabattfreibetrag um einen Jahresfreibetrag handelt, der für alle verbilligten Warenabgaben eines Kalenderjahres gilt. Nachdem davon bereits 400,00 EUR verbraucht worden sind, können nur noch 680,00 EUR berücksichtigt werden, wie aus der nachfolgenden Rechnung hervorgeht:

Üblicher Endpreis	27.500,00 EUR
./. 4 %	1.100,00 EUR
=	26.400,00 EUR
./. Zahlung	22.800,00 EUR
geldwerter Vorteil	3.600,00 EUR
./. Rabatt-Freibetrag	680,00 EUR
stpfl. geldwerter Vorteil	2.920,00 EUR

Umsatzsteuerlich ist dieser Sachverhalt bereits durch die Verkaufsbuchung abgehandelt. Die Buchung der Lohnabrechnung lautet deshalb:

Konto	Soll	Haben
4100/6000 Löhne und Gehälter	3.990,50	
4145/6060 freiwillige soziale Aufwendungen, lohnsteuerpfl.	2.920,00	
1741/3730 Verbindlichkeiten aus Lohn- u. Kirchensteuer		1.518,40
1742/3740 Verbindlichkeiten i.R.d. sozialen Sicherheit		1.199,75
8614/4949 Verrechnete sonstige Sachbezüge ohne USt		2.920,00
1200/1800 Bank		1.272,35

Der Arbeitgeber-Anteil zur Sozialversicherung ist für den Arbeitnehmer gem. § 3 Nr. 62 EStG steuerfrei. Weil dem Arbeitnehmer der Zuschlag zur Krankenversicherung aufgebürdet worden ist, liegt der AG-Anteil unter demjenigen des Arbeitnehmers.

Konto	Soll	Haben
4130/6110 Gesetzliche soziale Aufwendungen	1.168,02	
1742/3740 Verbindlichkeiten i.R.d. sozialen Sicherheit		1.168,02

98. Ein Unternehmer gewährt einem Arbeitnehmer (Steuerklasse 1, 20 Jahre) aufgrund arbeitsvertraglicher Regelung neben dem tariflichen Arbeitslohn in Höhe von 1.100,00 EUR freie Unterkunft und Verpflegung. Die Auszahlung des Lohnes ist noch nicht erfolgt. Gemäß Sachbezugsverordnung 2005 beträgt pro Monat der Wert einer freien Unterkunft 194,20 EUR und der Wert einer freien Verpflegung 200,30 EUR. Führen Sie die Lohnabrechnung durch und buchen Sie! Aus Vereinfachungsgründen wird ein Lohnsteuersatz von 8,291 % unterstellt. Für die Sozialversicherung gelten die folgenden Beitragssätze: RV 19,5 %, AV 6,5 %, KV 13,6 %, PV 1,7 %. Die Sozialversicherung können Sie in einem Betrag ermitteln.

Lösung:

Der Sachbezugswert der freien Unterkunft und Verpflegung stellt einen geldwerten Vorteil gem. § 8 II EStG dar und erhöht den lohnsteuer- und sozialversicherungspflichtigen Arbeitslohn.

Aus umsatzsteuerrechtlicher Sicht handelt es sich bei der freien Unterkunft und Verpflegung um eine sonstige Leistung gem. § 3 Abs. 9 UStG. Da der Arbeitnehmer diese Leistung mit seiner Arbeitsleistung „bezahlt", liegt hier ein tauschähnlicher Umsatz gem. § 3 Abs. 12 S. 2 UStG vor, der hinsichtlich der Steuerbarkeit unter § 1 Abs. 1 Nr. 1 UStG fällt. Während die Bereitstellung der Unterkunft gem. § 4 Nr. 12 a) UStG steuerfrei ist, beträgt die Bemessungsgrundlage für die freie Verpflegung. § 10 Abs. 2 i. V. m. Abs. 1 UStG den Nettowert des entsprechenden Sachbezugswerts. Die Umsatzsteuer entsteht laut § 13 Abs. 1 Nr. 1 a) UStG in dem Monat, in dem die Sachbezüge gewährt werden.

Ab Juli 2005 fällt für alle Arbeitnehmer ein Zuschlag zur Krankenversicherung in Höhe von 0,9 % an.

Die Prozentsätze für den AG- und den AN-Anteil errechnen sich somit wie bei Aufgabe 3.

Dies führt zu folgender Lohnabrechnung:

Bruttolohn	1.100,00 EUR
+ geldwerter Vorteil	394,50 EUR
lohnsteuer- und SV-pflichtiger Arbeitslohn	1.494,50 EUR
./. Lohnsteuer 8,291 % von 1.494,50 EUR	123,91 EUR
./. SolZ 5,5 % von 123,91 EUR	6,81 EUR
./. Kirchensteuer 8 % von 123,91 EUR	9,91 EUR
./. Sozialversicherung 21,55 % von 1.494,50 EUR	322,06 EUR
Nettolohn	1.031,81 EUR
./. geldwerter Vorteil	394,50 EUR
auszuzahlender Betrag	637,31 EUR

Die Buchung lautet deshalb:

Konto	Soll	Haben
4100/6000 Löhne und Gehälter	1.494,50	
1741/3730 Verbindlichkeiten aus Lohn- u. Kirchensteuer		140,63
1742/3740 Verbindlichkeiten i.R.d. sozialen Sicherheit		322,06
8611/4947 Verrechnete sonstige Sachbezüge		172,67
1770/3800 Umsatzsteuer		27,63
8614/4949 Verrechnete sonst. Sachbezüge ohne USt		194,20
1740/3720 Verbindlichkeiten aus Lohn und Gehalt		637,31

Der AG-Anteil zur Sozialversicherung ist für den Arbeitnehmer gem. § 3 Nr. 62 EStG steuerfrei, beträgt 20,65 % von 1.494,50 EUR = 308,61 EUR und wird wie folgt gebucht:

Konto	Soll	Haben
4130/6110 Gesetzliche soziale Aufwendungen	308,61	
1742/3740 Verbindlichkeiten i.R.d. sozialen Sicherheit		308,61

99. Am 10. Juli werden die bei der Lohnzahlung Juni von den Arbeitnehmern einbehaltenen Steuern (Lohnsteuer, Solidaritätszuschlag, Kirchensteuer) in Höhe von 12.375,81 EUR sowie die Sozialversicherung in Höhe von insgesamt 14.486,92 EUR überwiesen. Buchen Sie die Banküberweisung!

Lösung:

Konto	Soll	Haben
1741/3730 Verbindlichkeiten aus Lohn- u. Kirchensteuer	12.375,81	
1742/3740 Verbindlichkeiten i.R.d. sozialen Sicherheit	14.486,92	
1200/1800 Bank		26.862,73

100. Buchen Sie die Zahlung der monatlichen Vergütung in Höhe von 400,00 EUR an eine Lageristin, die in der gesetzlichen Krankenversicherung versichert ist! Der Arbeitgeber entrichtet die Beiträge nach SGB VI und versteuert die Vergütung pauschal. Die Lohnzahlung erfolgt per Banküberweisung.

Lösung:

Da der Arbeitgeber die Beiträge nach SGB VI und die Pauschalsteuer trägt, fallen für die Arbeitnehmerin keine Abzüge an, weshalb die Lohnzahlung wie folgt zu buchen ist:

Konto	Soll	Haben
4190/6030 Aushilfslöhne	400,00	
1200/1800 Bank		400,00

Für ein geringfügiges Beschäftigungsverhältnis fallen 11 % Krankenversicherung, in unserem Fall 44,00 EUR, und 12 % Rentenversicherung, in unserem Fall 48,00 EUR, an. Da diese Sozialversicherungsbeiträge vom Arbeitgeber übernommen werden, kann er den Aushilfslohn gem. § 40a Abs. 2 EStG pauschalieren, was zu einer Pauschsteuer in Höhe von 8,00 EUR führt. In dieser Pauschsteuer sind der Solidaritätszuschlag und die pauschale Kirchensteuer bereits enthalten. Sowohl die Sozialversicherungsbeiträge als auch die Pauschsteuer sind gem. § 40a Abs. 6 EStG an die Bundesknappschaft (ab 1. Oktober 2005 lautet die neue Bezeichnung Deutsche Rentenversicherung Knappschaft-Bahn-See) abzuführen. Die vom Arbeitgeber übernommene Sozialversicherung ist für den Arbeitnehmer gem. § 3 Nr. 62 EStG steuerfrei.

Die abschließende Buchung lautet deshalb:

Konto	Soll	Haben
4199/6040 Pauschale Steuer für Aushilfe	8,00	
4130/6110 Gesetzliche soziale Aufwendungen	92,00	
1742/3740 Verbindlichkeiten i.R.d. sozialen Sicherheit		100,00

101. Buchen Sie die Zahlung der monatlichen Vergütung in Höhe von 400,00 EUR an eine Lageristin, die in der gesetzlichen Krankenversicherung versichert ist! Der Arbeitgeber entrichtet die Beiträge nach SGB VI und versteuert die Vergütung pauschal. Die Mitarbeiterin erklärt ihren Verzicht auf die Beitragsfreiheit in der gesetzlichen Rentenversicherung. Die Lohnzahlung erfolgt per Banküberweisung.

Lösung:

Da der Arbeitgeber die Beiträge nach SGB VI und die Pauschalsteuer trägt, würden für die Arbeitnehmerin keine Abzüge anfallen. Wegen des Verzichts auf die Beitragsfreiheit in der gesetzlichen Rentenversicherung wird der Lageristin jedoch der Unterschiedsbetrag zwischen dem regulären Rentenversicherungsbeitrag in Höhe von 19,5 % und dem pauschalen Rentenversicherungsbeitrag für geringfügig Beschäftigte in Höhe von 12 % vom Aushilfslohn abgezogen. In dieser Aufgabe sind dies 7,5 % von 400,00 EUR = 30,00 EUR, weshalb die Banküberweisung nur 370,00 EUR beträgt. Die Buchung der Lohnzahlung hat deshalb folgendes Aussehen:

Konto	Soll	Haben
4190/6030 Aushilfslöhne	400,00	
1200/1800 Bank		370,00
1742/3740 Verbindlichkeiten i.R.d. sozialen Sicherheit		30,00

Für ein geringfügiges Beschäftigungsverhältnis fallen 11 % Krankenversicherung, in unserem Fall 44,00 EUR, und 12 % Rentenversicherung, in unserem Fall 48,00 EUR, an. Da diese Sozialversicherungsbeiträge vom Arbeitgeber übernommen werden, kann er den Aushilfslohn gem. § 40a Abs. 2 EStG pauschalieren, was zu einer Pauschsteuer in Höhe von 8,00 EUR führt. In dieser Pauschsteuer sind der Solidaritätszuschlag und die pauschale Kirchensteuer bereits enthalten. Sowohl die Sozialversicherungsbeiträge als auch die Pauschsteuer sind gem. § 40a Abs. 6 EStG an die Bundesknappschaft (ab 1. Oktober 2005 lautet die neue Bezeichnung Deutsche Rentenversicherung Knappschaft-Bahn-See) abzuführen. Die vom Arbeitgeber übernommene Sozialversicherung ist für den Arbeitnehmer gem. § 3 Nr. 62 EStG steuerfrei. Die abschließende Buchung lautet deshalb:

Konto	Soll	Haben
4199/6040 Pauschale Steuer für Aushilfe	8,00	
4130/6110 Gesetzliche soziale Aufwendungen	92,00	
1742/3740 Verbindlichkeiten i.R.d. sozialen Sicherheit		100,00

102. Eine Aushilfskraft, die von einem Unternehmen aus Weiden i. d. Oberpfalz für 15 Tage beschäftigt wurde, erhielt einen Bruttolohn in Höhe von 750,00 EUR per Bank ausgezahlt. Die Lohnsteuer wurde vom Arbeitgeber pauschaliert. Nehmen Sie die entsprechenden Buchungen vor!

Lösung:

Da der Arbeitgeber die Lohnsteuer pauschaliert und bei einer kurzfristigen Beschäftigung keine Sozialversicherung anfällt, wird der Aushilfskraft nichts von ihrem Lohn abgezogen, weshalb die Lohnzahlung wie folgt zu buchen ist:

Konto	Soll	Haben
4190/6030 Aushilfslöhne	750,00	
1200/1800 Bank		750,00

Lt. § 40a Abs. 1 EStG erfolgt die Pauschalierung mit 25 %. Hinzu kommen noch der Solidaritätszuschlag in Höhe von 5,5 % und die ermäßigte pauschale Kirchensteuer, die in Bayern 7 % beträgt.

Die gesamten pauschalen Steuern können aus folgender Rechnung entnommen werden:

pauschale Lohnsteuer 25 % von 750,00 EUR	187,50 EUR
+ Solidaritätszuschlag 5,5 % von 187,50 EUR	10,31 EUR
+ pauschale Kirchensteuer 7 % von 187,50 EUR	13,12 EUR
	210,93 EUR

Dies ergibt den zweiten Buchungssatz:

Konto	Soll	Haben
4199/6040 Pauschale Steuer für Aushilfe	210,93	
1741/3730 Verbindlichkeiten aus Lohn- u. Kirchensteuer		210,93

103. **Zum 20-jährigen Betriebsjubiläum erhält ein Mitarbeiter ein Sachgeschenk, das zum Preis von 150,00 EUR + 16 % USt 24,00 EUR = 174,00 EUR gegen Bankscheck erworben wurde. Buchen Sie den Kauf und die Schenkung!**

Lösung:

Da für das Geschenk eine Rechnung mit gesondertem Steuerausweis vorliegt, ist ein Vorsteuerabzug gem. § 15 Abs. 1 Nr. 1 UStG möglich. Die Höhe des Sachgeschenks hat jedoch lohn- und umsatzsteuerliche Konsequenzen, denn seine Höhe übersteigt 40,00 EUR (brutto). Deshalb ist es einerseits lohnsteuerpflichtig, zum anderen liegt eine unentgeltliche Lieferung gem. § 3 Ib Nr. 2 UStG vor, die gem. § 1 Abs. 1 Nr. 1 UStG steuerbar ist. Bemessungsgrundlage ist laut § 10 Abs. 4 Nr. 1 UStG der Nettoeinkaufspreis im Zeitpunkt der Schenkung, also 150,00 EUR.

Um dies alles berücksichtigen zu können, empfiehlt es sich, zwei Buchungen vorzunehmen. Zunächst ist der Einkauf des Geschenkes zu buchen:

Konto	Soll	Haben
4900/6300 Sonst. betriebl. Aufwendungen	150,00	
1570/1400 Abziehbare Vorsteuer	24,00	
1200/1800 Bank		174,00

Im zweiten Schritt wird dem Sachverhalt Rechnung getragen, dass das Sachgeschenk lohn- und umsatzsteuerpflichtig ist:

Konto	Soll	Haben
4145/6060 Freiwillige soziale Aufwendungen, lstpfl.	174,00	
8611/4947 Verrechnete sonst. Sachbezüge		150,00
1770/3800 Umsatzsteuer		24,00

104. Der Unternehmer kauft dem Mitarbeiter (Aufgabe 19) zwei Monate später zum Geburtstag einen Atlas zum Preis von 30,00 EUR + 7 % USt 2,10 EUR = 32,10 EUR gegen Bankscheck.

Lösung:

Da für das Geschenk eine Rechnung mit gesondertem Steuerausweis vorliegt, ist ein Vorsteuerabzug gem. § 15 Abs. 1 Nr. 1 UStG möglich. Im Gegensatz zur Grenze für Geschenke an Geschäftsfreunde, gilt die für Geschenke an Arbeitnehmer nicht für ein ganzes Jahr, sondern pro besonderem Anlass. Deshalb darf auch das Geburtstagsgeschenk isoliert betrachtet werden. Aus diesem Grund ist die Grenze von 40,00 EUR (brutto) nicht überschritten, weshalb die Zuwendung weder lohnsteuerpflichtig ist noch eine unentgeltliche Lieferung gem. § 3 Abs. 1b Nr. 2 UStG vorliegt. Somit lässt sich der Sachverhalt mit einem Buchungssatz bewältigen:

Konto	Soll	Haben
4140/6130 Freiwillige soziale Aufwendungen, lstfr.	30,00	
1570/1400 Abziehbare Vorsteuer	2,10	
1200/1800 Bank		32,10

10. Rechnungsabgrenzung

105. Am 1. November erhielt der Unternehmer die Zinsen für ein Darlehen, das er einem Kunden gewährt hat, für ein halbes Jahr im Voraus. Daraufhin hat er wie folgt gebucht:

1200/1800 an 2650/7100 900,00 EUR.

Nehmen Sie die Rechnungsabgrenzung zum 31. Dezember vor!

Lösung:

Da die Zahlung im alten Jahr erfolgt und es sich um Erträge handelt, liegt ein Fall der passiven Rechnungsabgrenzung gem. § 5 Abs. 5 Nr. 2 EStG i. V. m. § 250 Abs. 2 HGB vor. 2 Monate und somit 300,00 EUR der Zahlung gehören ins alte Jahr, dagegen 4 Monate und somit 600,00 EUR ins neue. Mithin wurden auf 2650/7100 600,00 EUR zu viel gebucht. Die Abgrenzungsbuchung lautet deshalb:

Konto	Soll	Haben
2650/7100 Sonstige Zinsen und ähnliche Erträge	600,00	
0990/3900 Passive Rechnungsabgrenzung		600,00

106. Nehmen Sie die Buchung zu Aufgabe 1 zum 1. Januar des nächsten Jahres vor!

Lösung:

Es ist der Betrag vom Konto 0990/3900 auf das Erfolgskonto zu übertragen:

Konto	Soll	Haben
0990/3900 Passive Rechnungsabgrenzung	600,00	
2650/7100 Sonstige Zinsen und ähnliche Erträge		600,00

107. Am 1. September wurde die betriebliche Haftpflichtversicherung in Höhe von 840,00 EUR für ein Jahr im Voraus per Banküberweisung beglichen. Der gesamte Betrag wurde als Betriebsausgabe gebucht.

Nehmen Sie die Rechnungsabgrenzung zum 31. Dezember vor!

Lösung:

Da die Zahlung im alten Jahr erfolgt und es sich um Aufwendungen handelt, liegt ein Fall der aktiven Rechnungsabgrenzung gem. § 5 Abs. 5 Nr. 1 EStG i. V. m. § 250 Abs. 1 HGB vor. 4 Monate und somit 280,00 EUR der Zahlung gehören ins alte Jahr, dagegen 8 Monate und somit 560,00 EUR ins neue. Mithin wurden auf 4360/6400 560,00 EUR zu viel gebucht. Die Abgrenzungsbuchung lautet deshalb:

Konto	Soll	Haben
0980/1900 Aktive Rechnungsabgrenzung	560,00	
4360/6400 Versicherungen		560,00

108. Nehmen Sie die Buchung zu Aufgabe 3 zum 1. Januar des nächsten Jahres vor!

Lösung:

Es ist der Betrag vom Konto 0980/1900 auf das Erfolgskonto zu übertragen:

Konto	Soll	Haben
4360/6400 Versicherungen	560,00	
0980/1900 Aktive Rechnungsabgrenzung		560,00

109. Es wurde am 1. August einem Kunden ein Darlehen gewährt. Die Zinsen, die jährlich nachträglich zu entrichten sind, betragen 600,00 EUR. Nehmen Sie die Rechnungsabgrenzung zum 31. Dezember vor!

Lösung:

Da die Zahlung im neuen Jahr erfolgt, ist auf Grund von § 252 Abs. 1 Nr. 5 HGB abzugrenzen. 5 Monate und somit 250,00 EUR der Zahlung gehören ins alte Jahr, dagegen 7 Monate und somit 350,00 EUR ins neue. Weil von diesem Sachverhalt bisher noch nichts gebucht worden ist, muss der Betrag für das alte Jahr als Ertrag gebucht werden. Die Abgrenzungsbuchung lautet deshalb:

Konto	Soll	Haben
1500/1300 Sonstige Vermögensgegenstände	250,00	
2650/7100 Sonstige Zinsen und ähnliche Erträge		250,00

110. Am 31. Juli nächsten Jahres geht auf dem Bankkonto die Überweisung der Zinsen (Aufgabe 5) ein.

Lösung:

Nun stellt der Betrag für das neue Jahr Ertrag dar, die Buchung auf 1500/1300 ist aufzulösen:

Konto	Soll	Haben
1200/1800 Bank	600,00	
1500/1300 Sonstige Vermögensgegenstände		250,00
2650/7100 Sonstige Zinsen und ähnliche Erträge		350,00

111. Für ein aufgenommenes Darlehen müssen die Zinsen in Höhe von 960,00 EUR halbjährlich nachträglich zum 31. Mai und 30. November gezahlt werden. Nehmen Sie die Rechnungsabgrenzung zum 31. Dezember vor!

Lösung:

Da die Zahlung im neuen Jahr erfolgt, ist auf Grund von § 252 Abs. 1 Nr. 5 HGB abzugrenzen. 1 Monat und somit 160,00 EUR der Zahlung gehören ins alte Jahr, dagegen 5 Monate und somit 800,00 EUR ins neue. Weil von diesem Sachverhalt bisher noch nichts gebucht worden ist, muss der Betrag für das alte Jahr als Aufwand gebucht werden. Die Abgrenzungsbuchung lautet deshalb:

Konto	Soll	Haben
2100/7300 Zinsen und ähnliche Aufwendungen	160,00	
1700/3500 Sonstige Verbindlichkeiten		160,00

112. Buchen Sie die Überweisung der Zinsen (Aufgabe 7) am 31. Mai nächsten Jahres!

Lösung:

Nun stellt der Betrag für das neue Jahr Aufwand dar, die Buchung auf 1700/3500 ist aufzulösen:

Konto	Soll	Haben
2100/7300 Zinsen und ähnliche Aufwendungen	800,00	
1700/3500 Sonstige Verbindlichkeiten	160,00	
1200/1800 Bank		960,00

113. Am 1. Oktober gehen auf dem Bankkonto 840,00 EUR ein. Es handelt sich um Zinsen für ein Darlehen, das einem guten Kunden gewährt wurde. Dabei wurde vereinbart, dass die Zinszahlung jeweils für ein Jahr im Voraus erfolgen soll. Bisher wurde noch nichts gebucht.

Nehmen Sie die Rechnungsabgrenzung zum 31. Dezember vor!

Lösung:

Da die Zahlung im alten Jahr erfolgt und es sich um Erträge handelt, liegt ein Fall der passiven Rechnungsabgrenzung gem. § 5 Abs. 5 Nr. 2 EStG i. V. m. § 250 Abs. 2 HGB vor. 3 Monate und somit 210,00 EUR der Zahlung gehören ins alte Jahr, dagegen 9 Monate und somit 630,00 EUR ins neue. Weil bisher noch nichts gebucht wurde, ist der Betrag für das alte Jahr auf 2650/7100 und der für das neue Jahr auf 0990/3900 zu buchen. Die Buchung lautet deshalb:

Konto	Soll	Haben
1200/1800 Bank	840,00	
2650/7100 Sonstige Zinsen und ähnliche Erträge		210,00
0990/3900 Passive Rechnungsabgrenzung		630,00

114. Auf dem Bankauszug vom 2. November findet sich die abgebuchte Kfz-Versicherung für den betrieblichen Pkw, die dem Unternehmen für ein Jahr im Voraus belastet wurde. Bisher wurden die 720,00 EUR noch nicht gebucht. Nehmen Sie die Rechnungsabgrenzung zum 31. Dezember vor!

Lösung:

Da die Zahlung im alten Jahr erfolgt und es sich um Aufwendungen handelt, liegt ein Fall der aktiven Rechnungsabgrenzung gem. § 5 Abs. 5 Nr. 1 EStG i. V. m. § 250 Abs. 1 HGB vor. 2 Monate und somit 120,00 EUR der Zahlung gehören ins alte Jahr, dagegen 10 Monate und somit 600,00 EUR ins neue.

Weil bisher noch keine Buchungen vorgenommen wurden, ist der Betrag für das alte Jahr auf 4500/6500 und der für das neue Jahr auf 0980/1900 zu buchen. Die Buchung lautet deshalb:

Konto	Soll	Haben
0980/1900 Aktive Rechnungsabgrenzung	600,00	
4500/6500 Fahrzeugkosten	120,00	
1200/1800 Bank		720,00

115. Einem Geschäftsfreund wurde am 15. Mai ein Kredit über 100.000,00 EUR gewährt. Der vereinbarte Zinssatz beträgt 5 %. Die Zinsen sind vierteljährlich nachträglich zu entrichten. Nehmen Sie die Rechnungsabgrenzung zum 31. Dezember vor!

Lösung:

Da die Zahlung im neuen Jahr erfolgt, ist auf Grund von § 252 Abs. 1 Nr. 5 HGB abzugrenzen. Bei Teilmonaten dürfen volle Monate zu Gunsten des Steuerpflichtigen abgegrenzt werden. Auch bei den Beträgen ist eine Rundung auf ganze Euro zum Vorteil des Steuerpflichtigen möglich. Die Zinsen für ein Vierteljahr betragen 1,25 % von 100.000,00 EUR = 1.250,00 EUR. 1 Monat und somit 416,00 EUR der Zahlung gehören ins alte Jahr, dagegen 2 Monate und somit 834,00 EUR ins neue. Weil von diesem Sachverhalt bisher noch nichts gebucht worden ist, muss der Betrag für das alte Jahr als Ertrag gebucht werden. Die Abgrenzungsbuchung lautet deshalb:

Konto	Soll	Haben
1500/1300 Sonstige Vermögensgegenstände	416,00	
2650/7100 Sonstige Zinsen und ähnliche Erträge		416,00

116. Die Halbjahreszinsen in Höhe von 600,00 EUR für ein aufgenommenes Darlehen sind jeweils am 15. April und am 15. Oktober im Voraus fällig. Führen Sie die Abgrenzungsbuchung zum 31. Dezember durch, wenn bei Überweisung die gesamte Zahlung auf 2100/7300 gebucht wurde!

Lösung:

Da die Zahlung im alten Jahr erfolgt und es sich um Aufwendungen handelt, liegt ein Fall der aktiven Rechnungsabgrenzung gem. § 5 Abs. 5 Nr. 1 EStG i. V. m. § 250 Abs. 1 HGB vor. Bei Teilmonaten dürfen volle Monate zu Gunsten des Steuerpflichtigen abgegrenzt werden. 3 Monate und somit 300,00 EUR der Zahlung gehören sowohl ins alte als auch ins neue Jahr. Mithin wurden auf 2650/7100 300,00 EUR zu viel gebucht. Die Abgrenzungsbuchung lautet deshalb:

Konto	Soll	Haben
0980/1900 Aktive Rechnungsabgrenzung	300,00	
2100/7300 Zinsen und ähnliche Aufwendungen		300,00

117. Am 1. März wurde die Kfz-Steuer in Höhe von 900,00 EUR und am 1. Juli die Kfz-Versicherung in Höhe von 1.500,00 EUR für einen betrieblichen Pkw im Voraus beglichen. Am 30. November wird das Fahrzeug verkauft. Während die Versicherung eine Verrechnung mit einem Neufahrzeug durchführte, liegt vom Finanzamt noch keine Mitteilung vor.

Lösung:

Die Kfz-Steuer wurde für ein Jahr im Voraus überwiesen, das Fahrzeug aber bereits nach 9 Monaten verkauft. Es kann deshalb die Steuer für drei Monate zurückgefordert werden: 3/12 von 900,00 EUR = 225,00 EUR.

Die Buchung lautet deshalb:

Konto	Soll	Haben
1500/1300 Sonstige Vermögensgegenstände	225,00	
4510/7685 Kfz-Steuer		225,00

11. Rechnungsabgrenzung mit Umsatzsteuer

118. Am 1. Dezember wird die Vierteljahresmiete für einen Verkaufsraum per Banküberweisung im Voraus beglichen. Lt. Mietvertrag beträgt die Miete monatlich 1.000,00 EUR + 16 % USt 160,00 EUR. Bisher wurde noch nichts gebucht. Buchen Sie zum 31. Dezember!

Lösung:

Da die Zahlung im alten Jahr erfolgt und es sich um Aufwendungen handelt, liegt ein Fall der aktiven Rechnungsabgrenzung gem. § 5 Abs. 5 Nr. 1 EStG i. V. m. § 250 Abs. 1 HGB vor. 1 Monat und somit 1.000,00 EUR des Nettobetrags gehören ins alte Jahr, dagegen 2 Monate und somit 2.000,00 EUR ins neue.

Weil bisher noch nichts gebucht wurde, ist der Betrag für das alte Jahr auf 4200/6305 und der für das neue Jahr auf 0980/1900 zu buchen.

Weil eine Rechnung (der Mietvertrag wird als solche anerkannt) vorliegt, darf gem. § 15 Abs. 1 Nr. 1 S. 3 UStG die gesamte Vorsteuer schon abgezogen werden, wenn die Zahlung geleistet worden ist, obwohl die Vermietungsleistung noch nicht in vollem Umfang erbracht worden ist. Die Buchung lautet deshalb:

Konto	Soll	Haben
4200/6305 Raumkosten	1.000,00	
0980/1900 Aktive Rechnungsabgrenzung	2.000,00	
1570/1400 Abziehbare Vorsteuer	480,00	
1200/1800 Bank		3.480,00

119. Am 30. Dezember schickt das Unternehmen seinem Handelsvertreter die Provisionsabrechnung für Dezember zu. Die Provision beträgt 4.000,00 EUR + 16 % USt 640,00 EUR = 4.640,00 EUR. Die Überweisung des Betrages erfolgt erst im neuen Jahr. Nehmen Sie die Rechnungsabgrenzung zum 31. Dezember vor!

Lösung:

Da die Zahlung im neuen Jahr erfolgt, ist auf Grund von § 252 Abs. 1 Nr. 5 HGB abzugrenzen. Dabei betrifft die gesamte Provision das alte Jahr. Da der Vertreter die Leistung im alten Jahr ausgeführt und eine entsprechende Abrechnung erstellt worden ist, darf die Vorsteuer gem. § 15 Abs. 1 Nr. 1 UStG im Dezember abgezogen werden.

Die Buchung lautet deshalb:

Konto	Soll	Haben
4700/6700 Kosten der Warenabgabe	4.000,00	
1570/1400 Abziehbare Vorsteuer	640,00	
1700/3500 Sonstige Verbindlichkeiten		4.640,00

120.Am 8. Januar des folgenden Jahres wird die Provision (siehe Aufgabe 2) per Bank überwiesen.

Lösung:

Bei Zahlung wird das Rechnungsabgrenzungskonto 1700/3500 aufgelöst:

Konto	Soll	Haben
1700/3500 Sonstige Verbindlichkeiten	4.640,00	
1200/1800 Bank		4.640,00

121.Ein Verlag bucht am 7. Dezember vom betrieblichen Bankkonto die Abonnementsgebühren für eine Fachzeitschrift für Dezember bis Mai im Voraus ab. Mit dem Eingang der Rechnung wird erst im Januar gerechnet. Es wurden 96,30 EUR (brutto, 7 % USt) abgebucht. Bisher wurde noch nichts gebucht. Nehmen Sie die Buchung zum 31. Dezember vor!

Lösung:

Da die Zahlung im alten Jahr erfolgt und es sich um Aufwendungen handelt, liegt ein Fall der aktiven Rechnungsabgrenzung gem. § 5 Abs. 5 Nr. 1 EStG i. V. m. § 250 Abs. 1 HGB vor. 1 Monat und somit 15,00 EUR des Nettobetrags gehören ins alte Jahr, dagegen 5 Monate und somit 75,00 EUR ins neue.

Weil bisher noch nichts gebucht wurde, ist der Betrag für das alte Jahr auf 4940/6820 und der für das neue Jahr auf 0980/1900 zu buchen.

Da zum 31. Dezember noch keine Rechnung vorliegt, ist ein Vorsteuerabzug gem. § 15 Abs. 1 Nr. 1 S. 3 UStG nicht möglich. Die Buchung lautet deshalb:

Konto	Soll	Haben
4940/6820 Zeitschriften, Bücher	15,00	
0980/1900 Aktive Rechnungsabgrenzung	75,00	
1548/1434 Vorsteuer im Folgejahr abziehbar	6,30	
1200/1800 Bank		96,30

122. Die Rechnung zu Aufgabe 4 trifft im Januar ein.

Lösung:

Mit Vorliegen der Rechnung ist ein Vorsteuerabzug gem. § 15 Abs. 1 Nr. 1 UStG möglich.

Konto	Soll	Haben
1570/1400 Abziehbare Vorsteuer	6,30	
1548/1434 Vorsteuer im Folgejahr abziehbar		6,30

123. Die Abbuchung einer anderen Fachzeitschrift erfolgt nachträglich für ein Jahr jeweils am 28. Februar. Der Abonnementspreis beträgt jährlich 240,00 EUR + 7 % USt 16,80 EUR. Buchen Sie zum 31. Dezember!

Lösung:

Da die Zahlung im neuen Jahr erfolgt, ist auf Grund von § 252 Abs. 1 Nr. 5 HGB abzugrenzen. 10 Monate und somit 200,00 EUR des Nettobetrags gehören ins alte Jahr, dagegen 2 Monate und somit 40,00 EUR ins neue. Weil von diesem Sachverhalt bisher noch nichts gebucht worden ist, muss der Betrag für das alte Jahr als Aufwand gebucht werden.

Da noch keine Rechnung vorliegt, ist ein Vorsteuerabzug gem. § 15 Abs. 1 Nr. 1 S. 3 UStG nicht möglich. Die Abgrenzungsbuchung lautet deshalb:

Konto	Soll	Haben
4940/6820 Zeitschriften, Bücher	200,00	
1548/1434 Vorsteuer im Folgejahr abziehbar	14,00	
1700/3500 Sonstige Verbindlichkeiten		214,00

124. Am 28. Februar nächsten Jahres schickt der Verlag (Aufgabe 6) die Rechnung und bucht gleichzeitig den Abonnementspreis vom betrieblichen Bankkonto ab. Nehmen Sie die entsprechende Buchung vor!

Lösung:

Bei Zahlung wird das Rechnungsabgrenzungskonto 1700/3500 aufgelöst. Da nun die Rechnung vorliegt und die Leistung ausgeführt worden ist, kann die gesamte Vorsteuer gem. § 15 Abs. 1 Nr. 1 UStG abgezogen werden. Dies lässt sich mit den beiden folgenden Buchungssätzen bewältigen:

Abbuchung vom Bankkonto:

Konto	Soll	Haben
4940/6820 Zeitschriften, Bücher	40,00	
1570/1400 Abziehbare Vorsteuer	2,80	
1700/3500 Sonstige Verbindlichkeiten	214,00	
1200/1800 Bank		256,80

Umbuchung der im alten Jahr nicht abziehbaren Vorsteuer:

Konto	Soll	Haben
1570/1400 Abziehbare Vorsteuer	14,00	
1548/1434 Vorsteuer im Folgejahr abziehbar		14,00

125. Am 30. Dezember erhalten wir die Jahresrechnung (Dezember bis November) für eine abonnierte Fachzeitschrift. Die Abbuchung in Höhe von 120,00 EUR + 7 % USt 8,40 EUR erfolgt aber erst im Januar. Buchen Sie zum 31. Dezember!

Lösung:

Da die Zahlung im neuen Jahr erfolgt, ist auf Grund von § 252 Abs. 1 Nr. 5 HGB abzugrenzen. 1 Monat und somit 10,00 EUR des Nettobetrags gehören ins alte Jahr, dagegen 11 Monate und somit 110,00 EUR ins neue. Weil von diesem Sachverhalt bisher noch nichts gebucht worden ist, muss der Betrag für das alte Jahr als Aufwand erfasst werden.

Hinsichtlich des Vorsteuerabzugs lässt sich feststellen, dass zwar eine Rechnung vorliegt, aber die Zahlung erst im neuen Jahr erfolgt. Ein Vorsteuerabzug ist somit gem. § 15 Abs. 1 Nr. 1 S. 1 UStG nur für die Leistungen möglich ist, die bereits ausgeführt worden sind, d. h. für den Monat Dezember. Die Buchung lautet deshalb:

Konto	Soll	Haben
4940/6820 Zeitschriften, Bücher	10,00	
1570/1400 Abziehbare Vorsteuer	0,70	
1700/3500 Sonstige Verbindlichkeiten		10,70

126. Am 3. Dezember erhalten wir die Dezember- und Januar-Pacht für verpachtete Geschäftsräume in unserem Betriebsgebäude. Es gehen auf unserem Bankkonto 3.000,00 EUR + 16 % USt 480,00 EUR ein. Bisher wurde noch nichts gebucht. Buchen Sie zum 31. Dezember!

Lösung:

Da die Begleichung der Pacht im alten Jahr erfolgt und es sich um Erträge handelt, liegt ein Fall der passiven Rechnungsabgrenzung gem. § 5 Abs. 5 Nr. 2 EStG i. V. m. § 250 Abs. 2 HGB vor. Es gehört sowohl ein Monat ins alte und ein Monat ins neue Jahr. Weil bisher noch nichts gebucht wurde, ist der Betrag für das alte Jahr auf 2750/4860 und der für das neue Jahr auf 0990/3900 zu buchen.

Da die Zahlung vor Ausführung der Vermietungsleistung erfolgt, entsteht die Umsatzsteuer gem. § 13 Abs. 1 Nr. 1 a) Satz 4 UStG bereits mit der Zahlung. Bemessungsgrundlage ist gem. § 10 Abs. 1 UStG die Nettopacht.

Die Buchung lautet deshalb:

Konto	Soll	Haben
1200/1800 Bank	3.480,00	
2750/4860 Grundstückserträge		1.500,00
0990/3900 Passive Rechnungsabgrenzung		1.500,00
1770/3800 Umsatzsteuer		480,00

127. Die Pacht für verpachtete Räume in unserem Geschäftsgebäude beträgt monatlich 1.500,00 EUR + 16 % USt 240,00 EUR und wird uns vierteljährlich nachträglich zum 31. Januar, 30. April, 31. Juli und 31. Oktober gezahlt. Nehmen Sie die Buchung zum 31. Dezember vor, wenn bisher noch nichts gebucht worden ist!

Lösung:

Da die Zahlung im neuen Jahr erfolgt, ist auf Grund von § 252 Abs. 1 Nr. 5 HGB abzugrenzen. In den Abgrenzungszeitraum fällt die Zahlung am 31. Januar, die für die Monate November bis Januar gilt. 2 Monate und somit 3.000,00 EUR des Nettobetrags gehören ins alte Jahr, dagegen 1 Monat und somit 1.500,00 EUR ins neue. Weil von diesem Sachverhalt bisher noch nichts gebucht worden ist, muss der Betrag für das alte Jahr als Ertrag gebucht werden.

Gem. § 13 Abs. 1 Nr. 1 a) UStG ist die Umsatzsteuer für die Monate entstanden, für welche die Verpachtungsleistung bereits ausgeführt worden sind, das sind der November und der Dezember. Bemessungsgrundlage ist gem. § 10 Abs. 1 UStG die Nettopacht. Die Abgrenzungsbuchung lautet deshalb:

Konto	Soll	Haben
1500/1300 Sonstige Vermögensgegenstände	3.480,00	
2750/4860 Grundstückserträge		3.000,00
1770/3800 Umsatzsteuer		480,00

128.Buchen Sie die Überweisung zur Aufgabe 10 am 31. Januar.

Lösung:

Bei Zahlung wird das Rechnungsabgrenzungskonto 1500/1300 aufgelöst. Die Umsatzsteuer entsteht für die Januarpacht gem. § 13 Abs. 1 Nr. 1 a) UStG mit Ausführung der Leistung. Bemessungsgrundlage ist gem. § 10 Abs. 1 UStG die Nettopacht. Die Zahlungsbuchung lautet deshalb:

Konto	Soll	Haben
1200/1800 Bank	5.220,00	
1500/1300 Sonstige Vermögensgegenstände		3.480,00
2750/4860 Grundstückserträge		1.500,00
1770/3800 Umsatzsteuer		240,00

12. Bewertung des Vorratsvermögens

129. Für die Handelswaren ergeben sich folgende Werte:

Bestand am 1. Januar	29.000,00 EUR	
Bestand am 31. Dezember	32.000,00 EUR	(Anschaffungskosten)
Bestand am 31. Dezember	31.000,00 EUR	(Wiederbeschaffungskosten 31. Dez.)
Bestand am 31. Dezember	30.500,00 EUR	(Wiederbeschaffungskosten Tag der Bilanzerstellung)

Geben Sie den niedrigst- und den höchstmöglichen Bilanzansatz an, buchen Sie den günstigsten!

Lösung:

Der niedrigstmögliche ist der günstigste Ansatz, weil aus steuerlicher Sicht ein möglichst niedriger Gewinn erzielt werden soll. Da die Wiederbeschaffungskosten am 31. Dezember niedriger als die Anschaffungskosten sind, liegen gesunkene Wiederbeschaffungskosten vor. Auch die Wiederbeschaffungskosten am Tag der Bilanzerstellung können diesen Kostenrückgang nicht wieder ausgleichen, weshalb es sich um eine dauerhafte Wertminderung handelt. In einem solchen Fall ist nach § 253 Abs. 3 HGB der Ansatz des niedrigeren Teilwertes Pflicht, weshalb man vom strengen Niederstwertprinzip spricht. Nach § 6 Abs. 1 Nr. 2 EStG könnte man auch die Anschaffungskosten wählen, wegen des Maßgeblichkeitsprinzips gem. § 5 Abs. 1 EStG gilt die Pflicht aus dem HGB auch für das Steuerrecht.

Demnach errechnet sich die Bestandsveränderung wie folgt:

SB	31.000,00 EUR
./. AB	29.000,00 EUR
Mehrbestand	2.000,00 EUR

Die Buchung lautet deshalb:

Konto	Soll	Haben
3980/1140 Waren (Bestand)	2.000,00	
3200/5200 Wareneingang		2.000,00

Da der Ansatz der niedrigeren Wiederbeschaffungskosten Pflicht ist, weicht der höchstmögliche Ansatz nicht vom niedrigstmöglichen ab.

130. wie 1., nun betragen die Wiederbeschaffungskosten am Tag der Bilanzerstellung 32.500,00 EUR!

Lösung:

Der niedrigstmögliche ist der günstigste Ansatz, weil aus steuerlicher Sicht ein möglichst niedriger Gewinn erzielt werden soll. Da die Wiederbeschaffungskosten am 31. Dezember niedriger als die Anschaffungskosten sind, liegen gesunkene Wiederbeschaffungskosten vor. Weil jedoch die Wiederbeschaffungskosten am Bilanzstichtag die Anschaffungskosten wieder erreichen, liegt nur eine vorübergehende Wertminderung vor. Deshalb sind die Handelswaren gem. § 6 Abs. 1 Nr. 2 EStG mit den Anschaffungskosten zu bewerten.

Demnach errechnet sich die Bestandsveränderung wie folgt:

SB	32.000,00 EUR
./. AB	29.000,00 EUR
Mehrbestand	3.000,00 EUR

Die Buchung lautet deshalb:

Konto	Soll	Haben
3980/1140 Waren (Bestand)	3.000,00	
3200/5200 Wareneingang		3.000,00

Da der Ansatz der Anschaffungskosten Pflicht ist, weicht der höchstmögliche Ansatz nicht vom niedrigstmöglichen ab.

131. Für das Konto 3970/1000 ergeben sich folgende Werte:

Bestand am 1. Januar	85.000,00 EUR
Werte laut Inventur vom 31. Dezember:	
nach der Fifo-Methode:	80.000,00 EUR
nach der Lifo-Methode:	78.000,00 EUR
nach der Hifo-Methode:	75.000,00 EUR
Teilwert (31. Dezember)	76.000,00 EUR
Teilwert (Tag der Bilanzerstellung)	77.000,00 EUR

Geben Sie den niedrigst- und den höchstmöglichen Bilanzansatz an, buchen Sie den günstigsten!

Lösung:

Der niedrigstmögliche ist der günstigste Ansatz, weil aus steuerlicher Sicht ein möglichst niedriger Gewinn erzielt werden soll. Gem. § 6 Abs. 1 Nr. 2 a) EStG ist das Lifo-Verfahren das steuerlich allein zulässige Verbrauchsfolgeverfahren. Da der Teilwert zum 31. Dezember in Höhe von 76.000,00 EUR niedriger als die nach der Lifo-Methode ermittelten Anschaffungskosten in Höhe von 78.000,00 EUR ist, liegen gesunkene Wiederbeschaffungskosten vor. Auch der Teilwert am Tag der Bilanzerstellung erreicht die Anschaffungskosten nicht mehr, sodass es sich um eine dauerhafte Wertminderung handelt. Diese reicht jedoch nur bis zu 77.000,00 EUR, da der Teilwert am Tag der Bilanzerstellung höher als der Teilwert am 31. Dezember ist.

Bei gesunkenen Wiederbeschaffungskosten ist nach § 253 Abs. 3 HGB der Ansatz des niedrigeren Teilwertes Pflicht, weshalb man vom strengen Niederstwertprinzip spricht. Nach § 6 Abs. 1 Nr. 2 EStG könnte man auch die Anschaffungskosten wählen, wegen des Maßgeblichkeitsprinzips gem. § 5 Abs. 1 EStG gilt jedoch die Pflicht aus dem HGB auch für das Steuerrecht.

Demnach errechnet sich die Bestandsveränderung wie folgt:

SB	77.000,00 EUR
./. AB	85.000,00 EUR
Minderbestand	./. 8.000,00 EUR

Die Buchung lautet deshalb:

Konto	Soll	Haben
3970/1000 Bestand Roh-, Hilfs- und Betriebsstoffe		8.000,00
3000/5100 Einkauf von Roh-, Hilfs- und Betriebsstoffen	8.000,00	

Da der Ansatz der niedrigeren Wiederbeschaffungskosten (= Teilwert) Pflicht ist, weicht der höchstmögliche Ansatz nicht vom niedrigstmöglichen ab.

132. Bewerten Sie die Fertigerzeugnisse!

Bestand am 1. Januar	70.000,00 EUR
Werte laut Inventur vom 31. Dezember:	
Materialverbrauch	30.000,00 EUR
Materialgemeinkosten	10.000,00 EUR
Fertigungslöhne	20.000,00 EUR
Fertigungsgemeinkosten	15.000,00 EUR
Verwaltungsgemeinkosten	15.000,00 EUR
Vertriebsgemeinkosten	2.000,00 EUR
Sondereinzelkosten des Vertriebs	4.000,00 EUR
Teilwert (31. Dezember)	91.000,00 EUR
Teilwert (Tag der Bilanzerstellung)	90.000,00 EUR

Geben Sie den niedrigst- und den höchstmöglichen Bilanzansatz an, buchen Sie den günstigsten!

Lösung:

Der niedrigstmögliche ist der günstigste Ansatz, weil aus steuerlicher Sicht ein möglichst niedriger Gewinn erzielt werden soll.

Nach § 255 Abs. 2 HGB sind die Herstellungskosten mindestens mit den Herstellkosten der Erzeugung anzusetzen. Auf diese kommt man durch folgende Rechnung:

Materialverbrauch	30.000,00 EUR
Materialgemeinkosten	10.000,00 EUR
Fertigungslöhne	20.000,00 EUR
Fertigungsgemeinkosten	15.000,00 EUR
Herstellkosten der Erzeugung	75.000,00 EUR

Da der Teilwert zum 31. Dezember höher als die Herstellungskosten, ausgedrückt durch die Herstellkosten der Erzeugung, ist, liegen gestiegene Wiederbeschaffungskosten vor, weshalb die Fertigerzeugnisse gem. § 6 Abs. 1 Nr. 2 EStG mit den Herstellungskosten zu bilanzieren sind.

Demnach errechnet sich die Bestandsveränderung wie folgt:

SB	75.000,00 EUR
./. AB	70.000,00 EUR
Mehrbestand	5.000,00 EUR

Die Buchung lautet deshalb:

Konto	Soll	Haben
7100/1100 Fertige Erzeugnisse (Bestand)	5.000,00	
8980/4800 Bestandsveränderungen – fertige Erzeugn.		5.000,00

Um auf den höchstmöglichen Ansatz bei den Herstellungskosten zu kommen, sind zu den Herstellkosten der Erzeugung noch die Verwaltungsgemeinkosten zu addieren, eine Einbeziehung der Vertriebskosten in die Herstellungskosten ist jedoch nicht erlaubt. Die Rechnung lautet deshalb:

Herstellkosten der Erzeugung	75.000,00 EUR
+ Verwaltungsgemeinkosten	15.000,00 EUR
höchstmöglicher Ansatz Herstellungskosten	90.000,00 EUR

Auch der höchstmögliche Ansatz der Herstellungskosten liegt unter dem Teilwert zum 31. Dezember, weshalb es sich auch dann noch um gestiegene Wiederbeschaffungskosten handelt und daher gem. § 6 Abs. 1 Nr. 2 EStG mit den Herstellungskosten zu bewerten ist. Da diese höchstmöglich 90.000,00 EUR betragen, ist dies zugleich der maximale Ansatz.

133. Bewerten Sie die Fertigerzeugnisse!

Bestand am 1. Januar	50.000,00 EUR
Werte laut Inventur vom 31. Dezember:	
Herstellkosten der Erzeugung	40.000,00 EUR
Verwaltungsgemeinkosten	12.000,00 EUR
Vertriebsgemeinkosten	5.000,00 EUR
Sondereinzelkosten des Vertriebs	3.000,00 EUR
Teilwert (31. Dezember)	49.000,00 EUR
Teilwert (Tag der Bilanzerstellung)	47.000,00 EUR

Geben Sie den niedrigst- und den höchstmöglichen Bilanzansatz an, buchen Sie den günstigsten!

Lösung:

Der niedrigstmögliche ist der günstigste Ansatz, weil aus steuerlicher Sicht ein möglichst niedriger Gewinn erzielt werden soll.

Nach § 255 Abs. 2 HGB sind die Herstellungskosten mindestens mit den Herstellkosten der Erzeugung anzusetzen. Da der Teilwert zum 31. Dezember höher ist, liegen gestiegene Wiederbeschaffungskosten vor, weshalb die Fertigerzeugnisse gem. § 6 Abs. 1 Nr. 2 EStG mit den Herstellungskosten zu bilanzieren sind.

Demnach errechnet sich die Bestandsveränderung wie folgt:

SB	40.000,00 EUR
./. AB	50.000,00 EUR
Minderbestand	./. 10.000,00 EUR

Die Buchung lautet deshalb:

Konto	Soll	Haben
7100/1100 Fertige Erzeugnisse (Bestand)		10.000,00
8980/4800 Bestandsveränderungen – fertige Erzeugn.	10.000,00	

Um auf den höchstmöglichen Ansatz bei den Herstellungskosten zu kommen, sind zu den Herstellkosten der Erzeugung noch die Verwaltungsgemeinkosten zu addieren, eine Einbeziehung der Vertriebskosten in die Herstellungskosten ist jedoch nicht erlaubt. Die Rechnung lautet deshalb:

Herstellkosten der Erzeugung	40.000,00 EUR
+ Verwaltungsgemeinkosten	12.000,00 EUR
höchstmöglicher Ansatz Herstellungskosten	52.000,00 EUR

Nimmt man also den höchstmöglichen Ansatz der Herstellungskosten, dann ist der Teilwert zum 31. Dezember kleiner als die Herstellungskosten. Somit liegen gesunkene Wiederbeschaffungskosten vor. Da der Teilwert am Tag der Bilanzerstellung noch niedriger ist, handelt es sich um eine dauerhafte Wertminderung. In einem solchen Fall ist nach § 253 Abs. 3 HGB der Ansatz des niedrigeren Teilwertes Pflicht, weshalb man vom strengen Niederstwertprinzip spricht. Nach § 6 Abs. 1 Nr. 2 EStG könnte man auch die Herstellungskosten wählen, wegen des Maßgeblichkeitsprinzips gem. § 5 Abs. 1 EStG gilt die Pflicht aus dem HGB auch für das Steuerrecht. Die Fertigerzeugnisse könnten somit maximal mit dem Teilwert am 31. Dezember in Höhe von 49.000,00 EUR angesetzt werden.

134. Bewertung von Handelswaren

Anfangsbestand am 1. Januar	
bewertet nach dem Lifo-Verfahren	30.000,00 EUR
Werte laut Inventur vom 31. Dezember:	
nach der Fifo-Methode:	48.000,00 EUR
nach der Lifo-Methode:	40.000,00 EUR
nach der Hifo-Methode:	43.000,00 EUR
nach der Durchschnittsmethode	46.000,00 EUR
Teilwert (31. Dezember)	52.000,00 EUR
Teilwert (Tag der Bilanzerstellung)	49.000,00 EUR

Welche dieser Bewertungsverfahren sind grundsätzlich zulässig? Was ist zu beachten, wenn letztes Jahr nach einem Verbrauchsfolgeverfahren bewertet worden ist? Ermitteln Sie den günstigsten Ansatz und buchen Sie!

Lösung:

Grundsätzlich sind die Durchschnittsmethode und das Lifo-Verfahren zulässig. Gemäß § 6 Abs. 1 Nr. 2 a) EStG ist ein Wechsel des Verfahrens nur mit Zustimmung des Finanzamtes möglich.

Von einem entsprechenden Antrag ist im Sachverhalt nicht die Rede, weshalb weiterhin nach einem Verbrauchsfolgeverfahren, also nach dem Lifo-Verfahren, zu bewerten ist. Da der Teilwert am 31. Dezember in Höhe von 52.000,00 EUR die nach der Lifo-Methode ermittelten Anschaffungskosten in Höhe von 43.000,00 EUR übersteigt, liegen gestiegene Wiederbeschaffungskosten vor. Die Bewertung muss gem. § 6 Abs. 1 Nr. 2 EStG mit den Anschaffungskosten erfolgen.

Demnach errechnet sich die Bestandsveränderung wie folgt:

SB	43.000,00 EUR
./. AB	30.000,00 EUR
Mehrbestand	13.000,00 EUR

Die Buchung lautet deshalb:

Konto	Soll	Haben
3980/1140 Waren (Bestand)	13.000,00	
3200/5200 Wareneingang		13.000,00

13. Bewertung von Grundstücken

135. Ein Grundstück, das wir für 120.000,00 EUR erworben haben, ist verseucht, weshalb sich sein Wert auf 10.000,00 EUR verringert hat. Eine Sanierung des Lagerplatzes ist mit ökologischen Risiken verbunden, weshalb wir von der zuständigen Behörde dazu erst im Falle einer Nutzungsänderung verpflichtet wären. Nehmen Sie die Buchung zum 31. Dezember vor!

Lösung:

Da die Wiederbeschaffungskosten am 31. Dezember niedriger als die Anschaffungskosten sind, liegen gesunkene Wiederbeschaffungskosten vor. Dieser Wertminderung liegt ein besonderer Anlass, nämlich die ökologische Verunreinigung, zugrunde, weshalb es sich um eine dauerhafte Wertminderung handelt. In einem solchen Fall ist nach § 253 Abs. 2 HGB der Ansatz des niedrigeren Teilwertes Pflicht, weshalb man vom strengen Niederstwertprinzip spricht. Nach § 6 Abs. 1 Nr. 2 EStG könnte man auch die Anschaffungskosten wählen, wegen des Maßgeblichkeitsprinzips gem. § 5 Abs. 1 EStG gilt die Pflicht aus dem HGB auch für das Steuerrecht.

Demnach errechnet sich die Bestandsveränderung wie folgt:

SB	10.000,00 EUR
./. AB	120.000,00 EUR
Minderbestand	./. 110.000,00 EUR

Die Buchung lautet deshalb:

Konto	Soll	Haben
4840/6230 Außerplanmäßige Abschreibungen	110.000,00	
0062/0215 Unbebaute Grundstücke		110.000,00

136. Wir sind Eigentümer eines Grundstücks, das wir als Abstellplatz nutzen. Die Anschaffungskosten haben 95.000,00 EUR betragen. Zum 31. Dezember liegt der Verkehrswert bei 90.000,00 EUR. Die Preise für vergleichbare Grundstücke schwanken zwischen 88.000,00 EUR und 92.000,00 EUR. Bewerten Sie das Grundstück zum 31. Dezember!

Lösung:

Da die Wiederbeschaffungskosten am 31. Dezember niedriger als die Anschaffungskosten sind, liegen gesunkene Wiederbeschaffungskosten vor. Dieser Wertminderung liegt jedoch kein besonderer Anlass zugrunde, weshalb es sich nur um eine vorübergehende Wertminderung handelt. Gem. § 6 Abs. 1 Nr. 2 EStG ist das Grundstück deshalb mit den Anschaffungskosten zu bewerten, mit denen es bereits auf dem Konto 0062/0215 steht. Eine Buchung ist somit nicht erforderlich.

137. Ein unbebautes Grundstück, das wir vor 10 Jahren zum Preis von 50.000,00 EUR erworben haben und das mit diesem Wert auch zum 31. Dezember letzten Jahres in der Bilanz ausgewiesen wurde, hat zum diesjährigen Bilanzstichtag einen Wert von 60.000,00 EUR. Bewerten Sie das Grundstück zum 31. Dezember!

Lösung:

Da die Wiederbeschaffungskosten am 31. Dezember höher als die Anschaffungskosten sind, liegen gestiegene Wiederbeschaffungskosten vor. Gem. § 6 Abs. 1 Nr. 2 EStG ist das Grundstück deshalb mit den Anschaffungskosten zu bewerten, mit denen es bereits auf dem Konto 0062/0215 steht. Eine Buchung ist somit nicht erforderlich.

138. Vor fünf Jahren haben wir ein Grundstück für 120.000,00 EUR erworben. Wir hatten darauf spekuliert, dass es zum zukünftigen Gewerbegebiet gehören und somit Baureife erlangen würde. Letztes Jahr sollte es einem Straßenbau zum Opfer fallen, weshalb der Wert auf 80.000,00 EUR sank. Damit haben wir es auch in der Bilanz angesetzt. Inzwischen hat man von dem Straßenprojekt jedoch Abstand genommen, weshalb der Wert des Grundstücks zum diesjährigen Bilanzstichtag wieder auf 110.000,00 EUR gestiegen ist. Bewerten Sie zum 31. Dezember.

Lösung:

Die im letzten Jahr vorgenommene Abschreibung auf den niedrigeren Teilwert ist mangels Dauerhaftigkeit nicht mehr zulässig, sodass nach § 6 Abs. 1 Nr. 2 EStG ein strenges Wertaufholungsgebot auf den Teilwert in Höhe von 110.000,00 EUR besteht, da die Wertminderung nur noch bis zu diesem Betrag dauerhaft ist.

Demnach errechnet sich die Bestandsveränderung wie folgt:

SB	110.000,00 EUR
./. AB	80.000,00 EUR
Mehrbestand	30.000,00 EUR

Die Buchung lautet deshalb:

Konto	Soll	Haben
0062/0215 Unbebaute Grundstücke	30.000,00	
2710/4910 Erträge aus Zuschreibungen des Sach-AV		30.000,00

139. Wie Aufgabe 4, der Wert zum Bilanzstichtag beträgt nun aber 130.000,00 EUR.

Lösung:

Da die Wiederbeschaffungskosten am 31. Dezember höher als der letzte Bilanzansatz des Grundstücks ist, liegen gestiegene Wiederbeschaffungskosten vor. Die im letzten Jahr vorgenommene Abschreibung auf den niedrigeren Teilwert ist gem. § 6 Abs. 1 Nr. 2 EStG nicht mehr zulässig. Ein Ansatz mit dem Wert am Bilanzstichtag kommt jedoch auch nicht in Frage, da laut § 6 Abs. 1 Nr. 2 S. 3 i.V.m. Abs. 1 Nr. 1 S. 4 EStG die Bewertung maximal mit den Anschaffungskosten in Höhe von 120.000,00 EUR erfolgen darf.

Demnach errechnet sich die Bestandsveränderung wie folgt:

SB	120.000,00 EUR
./. AB	80.000,00 EUR
Mehrbestand	40.000,00 EUR

Die Buchung lautet deshalb:

Konto	Soll	Haben
0062/0215 Unbebaute Grundstücke	40.000,00	
2710/4910 Erträge aus Zuschreibungen des Sach-AV		40.000,00

14. Bewertung der Forderungen

140. Unser Kunde Rahnhöfer ist in Zahlungsschwierigkeiten geraten. Unsere Forderung beträgt 17.400,00 EUR.

Lösung:

Da die Forderung zweifelhaft geworden ist, muss eine Umbuchung vorgenommen werden.

Konto	Soll	Haben
1460/1240 Zweifelhafte Forderungen	17.400,00	
1410/1210 Forderungen aus LuL		17.400,00

141. Wir rechnen beim Kunden Rahnhöfer (Fall 1) mit einem Forderungsausfall in Höhe von 25 %.

Lösung:

Da der Wert der Forderungen voraussichtlich dauerhaft gesunken ist, gilt das strenge Niederstwertprinzip gem. § 253 Abs. 3 HGB. Laut § 6 Abs. 1 Nr. 2 EStG besteht zwar ein Wahlrecht, den ursprünglichen Wert der Forderungen beizubehalten, auf Grund des Maßgeblichkeitsprinzips (§ 5 Abs. 1 EStG) gilt jedoch die Pflicht zur Bildung einer Wertberichtigung auch im Steuerrecht. Eine Berichtigung der Umsatzsteuer gem. § 17 Abs. 2 UStG ist jedoch nicht vorzunehmen. Dies ist erst bei einem tatsächlichen Forderungsausfall erlaubt.

Auf die Hohe der Wertberichtigung kommen Sie durch folgende Rechnung:

Forderung, brutto	17.400,00 EUR
./. USt	2.400,00 EUR
Forderung, netto	15.000,00 EUR
davon 25 %	3.750,00 EUR

Die Buchung lautet deshalb:

Konto	Soll	Haben
2451/6923 Einstellung in EWB	3.750,00	
0998/1246 Einzelwertberichtigungen Ford.		3.750,00

142. Wir bewerten unsere Forderung an den Kunden Rahnhöfer (Fall 1) mit 60 %

Lösung:

Da der Wert der Forderungen voraussichtlich dauerhaft gesunken ist, gilt das strenge Niederstwertprinzip gem. § 253 Abs. 3 HGB. Laut § 6 Abs. 1 Nr. 2 EStG besteht zwar ein Wahlrecht, den ursprünglichen Wert der Forderungen beizubehalten, auf Grund des Maßgeblichkeitsprinzips (§ 5 Abs. 1 EStG) gilt jedoch die Pflicht zur Bildung einer Wertberichtigung auch im Steuerrecht. Eine Berichtigung der Umsatzsteuer gem. § 17 Abs. 2 UStG ist jedoch nicht vorzunehmen. Dies ist erst bei einem tatsächlichen Forderungsausfall erlaubt.

Auf die Hohe der Wertberichtigung kommen Sie durch folgende Rechnung, wobei zu beachten ist, dass, wenn eine Forderung mit 60 % bewertet wird, man damit rechnet wird, dass 40 % ausfallen:

Forderung, brutto	17.400,00 EUR
./. USt	2.400,00 EUR
Forderung, netto	15.000,00 EUR
davon 40 %	6.000,00 EUR

Die Buchung lautet deshalb:

Konto	Soll	Haben
2451/6923 Einstellung in EWB	6.000,00	
0998/1246 Einzelwertberichtigungen Ford.		6.000,00

143. Mit dem Kunden Rahnhöfer (Fall 2) wurde vereinbart, dass er nur noch 2.900,00 EUR zurückzahlen muss, der Rest wird ihm erlassen. Er überweist deshalb 2.900,00 EUR.

Lösung:

Zunächst buchen Sie die Zahlung, die unsere zweifelhaften Forderungen mindert:

Konto	Soll	Haben
1200/1800 Bank	2.900,00	
1460/1240 Zweifelhafte Forderungen		2.900,00

In einem zweiten Schritt wird der Forderungsausfall gebucht, der sich wie folgt errechnet:

Forderung, brutto	17.400,00 EUR
./. Zahlung	2.900,00 EUR
Forderungsausfall, brutto	14.500,00 EUR
./. USt-Berichtigung gem. § 17 Abs. 2 UStG	2.000,00 EUR
Forderungsausfall, netto	12.500,00 EUR

Dies führt zur nachstehenden Buchung:

Konto	Soll	Haben
2400/6930 Forderungsverluste	12.500,00	
1770/3800 Umsatzsteuer	2.000,00	
1460/1240 Zweifelhafte Forderungen		14.500,00

Abschließend ist die ursprünglich gebildete Einzelwertberichtigung erfolgswirksam aufzulösen:

Konto	Soll	Haben
0998/1246 Einzelwertberichtigungen Ford.	3.750,00	
2731/4923 Erträge Herabsetzung EWB		3.750,00

144. Unsere Forderung aus dem Jahr 1997 über 1.980,00 EUR (15 % USt) an unseren Kunden K. haben wir letztes Jahr völlig abgeschrieben. Nun geht auf unserem Bankkonto eine Teilzahlung über 460,00 EUR ein.

Lösung:

Durch die nachträgliche Vereinnahmung unserer Forderung ist die Umsatzsteuer erneut gem. § 17 Abs. 2 UStG zu berichtigen. Dabei gilt der Steuersatz bei Entstehung der Forderung. Die Buchung lautet deshalb:

Konto	Soll	Haben
1200/1800 Bank	460,00	
2732/4925 Ertr. aus abgeschr. Forderungen		400,00
1770/3800 Umsatzsteuer		60,00

145. Der Kunde M, an den wir Forderungen in Höhe von 4.640,00 EUR (brutto, 16 %) haben, hat sich nach Asien abgesetzt und ist somit für eine gerichtliche Eintreibung unserer Außenstände nicht mehr greifbar.

Lösung:

Da der Wert der Forderungen voraussichtlich dauerhaft gesunken ist, gilt das strenge Niederstwertprinzip gem. § 253 Abs. 3 HGB. Laut § 6 Abs. 1 Nr. 2 EStG besteht zwar ein Wahlrecht, den ursprünglichen Wert der Forderungen beizubehalten, auf Grund des Maßgeblichkeitsprinzips (§ 5 Abs. 1 EStG) gilt jedoch die Pflicht zur Bildung einer Wertberichtigung auch im Steuerrecht. Weil hier ein tatsächlicher Forderungsausfall vorliegt, ist eine Berichtigung der Umsatzsteuer gem. § 17 Abs. 2 UStG vorzunehmen. Die Buchung lautet deshalb:

Konto	Soll	Haben
2400/6930 Forderungsverluste	4.000,00	
1770/3800 Umsatzsteuer	640,00	
1410/1210 Forderungen aus LuL		4.640,00

146. Über das Vermögen der Verlustmacher OHG ist das gerichtliche Insolvenzverfahren eröffnet worden. Unsere Forderung an dieses Unternehmen beträgt 17.400,00 EUR.

Lösung:

Da der Wert der Forderungen voraussichtlich dauerhaft gesunken ist, gilt das strenge Niederstwertprinzip gem. § 253 Abs. 3 HGB. Laut § 6 Abs. 1 Nr. 2 EStG besteht zwar ein Wahlrecht, den ursprünglichen Wert der Forderungen beizubehalten, auf Grund des Maßgeblichkeitsprinzips (§ 5 Abs. 1 EStG) gilt jedoch die Pflicht zur Bildung einer Wertberichtigung auch im Steuerrecht. Bei Eröffnung des Insolvenzverfahrens ist aus umsatzsteuerlicher Sicht von einem tatsächlichen Forderungsausfall auszugehen, weshalb eine Berichtigung gem. § 17 Abs. 2 UStG durchzuführen ist.

Es ist deshalb wie folgt zu buchen:

Konto	Soll	Haben
2400/6930 Forderungsverluste	15.000,00	
1770/3800 Umsatzsteuer	2.400,00	
1410/1210 Forderungen aus LuL		17.400,00

147. Zum 31. Dezember ergeben sich folgende Bestände:

1410/1210 Forderungen aus LuL	31.050,00 EUR
0996/1248 Pauschalwertberichtigungen zu Ford.	110,00 EUR

Bei diesen Zahlen ist noch nicht berücksichtigt, dass zum Jahresende eine Forderung über 850,00 EUR zweifelhaft geworden ist. Das pauschale Ausfallrisiko beträgt 1 %. Das Konto 0996/1248 ist anzupassen. Bilden Sie die Pauschalwertberichtigung!

Lösung:

Das pauschale Ausfallrisiko stellt eine dauerhafte Wertminderung der Forderungen dar. Auf Grund des strengen Niederstwertprinzips des § 253 Abs. 3 HGB ist eine Forderungsabschreibung Pflicht. § 6 Abs. 1 Nr. 2 EStG räumt zwar ein Wahlrecht ein, wegen des Maßgeblichkeitsprinzips des § 5 Abs. 1 EStG setzt sich jedoch die Pflicht des HGB durch.

Die Veränderung der Pauschalwertberichtigung geht aus der anschließenden Rechnung hervor:

Forderungsbestand 31. Dezember	31.050,00 EUR
./. zweifelhafte Forderung	850,00 EUR
Forderungen, brutto	30.200,00 EUR
./. Umsatzsteuer	4.165,52 EUR
Forderungen, netto	26.034,48 EUR
davon 1 %	261,00 EUR
./. PWB-Bestand	110,00 EUR
Erhöhung der PWB	151,00 EUR

Da es sich um keinen tatsächlichen Forderungsausfall handelt, ist eine Berichtigung der Umsatzsteuer gem. § 17 Abs. 2 UStG nicht zulässig. 0996/1248 als Korrekturkonto zu 1410/1210 nimmt im Haben zu, weshalb wie folgt zu buchen ist:

Konto	Soll	Haben
2450/6920 Einstellung i. d. Pauschalwertbericht.	151,00	
0996/1248 Pauschalwertberichtigung zu Ford.		151,00

148. Die Forderungen auf Konto 1410/1210 betragen 232.000,00 EUR, das Konto 0996/1248 hat aus dem Vorjahr einen Bestand in Höhe von 8.350,00 EUR. Es ist eine 1,5-%-ige Pauschalwertberichtigung zu bilden!

Lösung:

Das pauschale Ausfallrisiko stellt eine dauerhafte Wertminderung der Forderungen dar. Auf Grund des strengen Niederstwertprinzips des § 253 Abs. 3 HGB ist eine Forderungsabschreibung Pflicht. § 6 Abs. 1 Nr. 2 EStG räumt zwar ein Wahlrecht ein, wegen des Maßgeblichkeitsprinzips des § 5 Abs. 1 EStG setzt sich jedoch die Pflicht des HGB durch.

Die Veränderung der Pauschalwertberichtigung geht aus der anschließenden Rechnung hervor:

Forderungen, brutto	232.000,00 EUR
./. Umsatzsteuer	32.000,00 EUR
Forderungen, netto	200.000,00 EUR
davon 1,5 %	3.000,00 EUR
./. PWB-Bestand	8.350,00 EUR
Herabsetzung der PWB	./. 5.350,00 EUR

Da es sich um keinen tatsächlichen Forderungsausfall handelt, ist eine Berichtigung der Umsatzsteuer gem. § 17 Abs. 2 UStG nicht zulässig. 0996/1248 als Korrekturkonto zu 1410/1210 nimmt im Soll ab, weshalb wie folgt zu buchen ist:

Konto	Soll	Haben
0996/1248 Pauschalwertberichtigung zu Ford.	5.350,00	
2730/4920 Erträge aus der Herabsetzung der PWB		5.350,00

149. Der Forderungsbestand zum 31. Dezember beträgt 500.000,00 EUR. Darin enthalten ist eine Forderung an einen österreichischen Kunden (österreichische USt-IdNr.) in Höhe von 20.000,00 EUR. Der PWB-Bestand beträgt 4.000,00 EUR. Buchen Sie die Pauschalwertberichtigung in Höhe von 1 % zum 31. Dezember!

Lösung:

Das pauschale Ausfallrisiko stellt eine dauerhafte Wertminderung der Forderungen dar. Auf Grund des strengen Niederstwertprinzips des § 253 Abs. 3 HGB ist eine Forderungsabschreibung Pflicht. § 6 Abs. 1 Nr. 2 EStG räumt zwar ein Wahlrecht ein, wegen des Maßgeblichkeitsprinzips des § 5 Abs. 1 EStG setzt sich jedoch die Pflicht des HGB durch.

Die Forderung an den österreichischen Kunden geht zurück auf eine innergemeinschaftliche Lieferung im Sinne des § 6 a Abs. 1 UStG, die gem. § 4 Nr. 1 b) UStG steuerfrei ist. Um aus den gesamten Forderungen die Umsatzsteuer herausrechnen zu können, müssen diese steuerfreien Forderungen zunächst abgezogen werden. Dann sind sie den Nettoforderungen wieder hinzuzurechnen.

Die Veränderung der Pauschalwertberichtigung geht aus der anschließenden Rechnung hervor:

Forderungsbestand 31. Dezember	500.000,00 EUR
./. steuerfreie Forderung	20.000,00 EUR
Forderungen, brutto	480.000,00 EUR
./. Umsatzsteuer	66.206,90 EUR
Forderungen, netto	413.793,10 EUR
+ steuerfreie Forderung	20.000,00 EUR
Bemessungsgrundlage Pauschalwertberichtigung	433.793,10 EUR
davon 1 %	4.338,00 EUR
./. PWB-Bestand	4.000,00 EUR
Erhöhung der PWB	338,00 EUR

Da es sich um keinen tatsächlichen Forderungsausfall handelt, ist eine Berichtigung der Umsatzsteuer gem. § 17 Abs. 2 UStG nicht zulässig. 0996/1248 als Korrekturkonto zu 1410/1210 nimmt im Haben zu, weshalb wie folgt zu buchen ist:

Konto	Soll	Haben
2450/6920 Einstellung i. d. Pauschalwertbericht.	338,00	
0996/1248 Pauschalwertberichtigung zu Ford.		338,00

150. Zum 31. Dezember beträgt der Forderungsbestand 317.600,00 EUR, wovon allerdings 85.600,00 EUR Forderungen aus Umsätzen sind, die dem ermäßigten Steuersatz unterliegen. Buchen Sie die 1-%-ige Pauschalwertberichtigung zum 31. Dezember, wenn der PWB-Bestand 3.020,00 EUR beträgt!

Lösung:

Das pauschale Ausfallrisiko stellt eine dauerhafte Wertminderung der Forderungen dar. Auf Grund des strengen Niederstwertprinzips des § 253 Abs. 3 HGB ist eine Forderungsabschreibung Pflicht. § 6 Abs. 1 Nr. 2 EStG räumt zwar ein Wahlrecht ein, wegen des Maßgeblichkeitsprinzips des § 5 Abs. 1 EStG setzt sich jedoch die Pflicht des HGB durch.

Das besondere an dieser Aufgabe ist, dass die Forderungen sich aus solchen mit 16 % Umsatzsteuer und aus solchen mit 7 % Umsatzsteuer zusammensetzen. Für jede dieser Forderungsgruppen benötigt man zunächst den Bruttobetrag, um die Steuer herausrechnen zu können.

Die Veränderung der Pauschalwertberichtigung geht aus der anschließenden Rechnung hervor:

gesamte Forderungen	317.600,00 EUR	
./. Forderungen, brutto 7 %	85.600,00 EUR	
Forderungen, brutto 16 %	232.000,00 EUR	
./. Umsatzsteuer	32.000,00 EUR	
Forderungen, netto 16 %		200.000,00 EUR
Forderungen, brutto 7 %	85.600,00 EUR	
./. Umsatzsteuer	5.600,00 EUR	
Forderungen, netto 7 %		80.000,00 EUR
Bemessungsgrundlage PWB		280.000,00 EUR
davon 1 %		2.800,00 EUR
./. PWB-Bestand		3.020,00 EUR
Herabsetzung der PWB		./. 220,00 EUR

Da es sich um keinen tatsächlichen Forderungsausfall handelt, ist eine Berichtigung der Umsatzsteuer gem. § 17 Abs. 2 UStG nicht zulässig. 0996/1248 als Korrekturkonto zu 1410/1210 nimmt im Soll ab, weshalb wie folgt zu buchen ist:

Konto	Soll	Haben
0996/1248 Pauschalwertberichtigung zu Ford.	220,00	
2730/4920 Erträge aus der Herabsetzung der PWB		220,00

151. Seit dem 28. Dezember besteht eine Forderung an einen amerikanischen Kunden in Höhe von 5.000,00 USD. An diesem Tag lag der Kurs bei 1,1633. Zum 31. Dezember lautet der Kurs auf 1,1621. Nehmen Sie die Bewertung der Forderung vor, wenn die Begleichung erst im nächsten Jahr erfolgt!

Lösung:

Da man am 31. Dezember für 1 Euro weniger Dollar erhält als am 28. Dezember, ist der Wert des Dollars gestiegen. Es liegen somit gestiegene Wiederbeschaffungskosten vor. In einem solchen Fall ist gem. § 6 Abs. 1 Nr. 2 EStG der Forderungsbestand mit den Anschaffungskosten, d. h. dem Wert der Forderung bei ihrer Entstehung, anzusetzen. Da der Außenstand mit diesem Wert auf dem Konto steht, ist keine Buchung erforderlich.

152. Seit dem 28. Dezember besteht eine Forderung an einen amerikanischen Kunden in Höhe von 5.000,00 USD. An diesem Tag lag der Kurs bei 1,1633. Zum 31. Dezember lautet der Kurs auf 1,1641. Zwischen Bilanzstichtag und Tag der Bilanzerstellung schwankt der Kurs zwischen 1,1633 und 1,2117. Nehmen Sie die Bewertung der Forderung vor, wenn die Begleichung erst im nächsten Jahr erfolgt!

Lösung:

Da man am 31. Dezember für 1 Euro mehr Dollar erhält als am 28. Dezember, ist der Wert des Dollars gesunken. Es liegen somit gesunkene Wiederbeschaffungskosten vor. Nun kommt es darauf an, ob die Wertminderung vorübergehend oder dauerhaft ist. Da der unterste Kurs des Schwankungsbereichs zwischen Bilanzstichtag und Tag der Bilanzerstellung (1,1633) wieder den Wert erreicht, mit dem die Forderungen gebucht sind, handelt es sich nur um eine vorübergehende Wertminderung. In einem solchen Fall ist gem. § 6 Abs. 1 Nr. 2 EStG der Forderungsbestand mit den Anschaffungskosten, d. h. dem Wert der Forderung bei ihrer Entstehung, anzusetzen. Da der Außenstand mit diesem Wert auf dem Konto steht, ist keine Buchung erforderlich.

153. Seit dem 28. Dezember besteht eine Forderung an einen amerikanischen Kunden in Höhe von 5.000,00 USD. An diesem Tag lag der Kurs bei 1,1633. Zum 31. Dezember lautet der Kurs auf 1,1641. Zwischen Bilanzstichtag und Tag der Bilanzerstellung schwankt der Kurs zwischen 1,1647 und 1,2117. Nehmen Sie die Bewertung der Forderung vor, wenn die Begleichung erst im nächsten Jahr erfolgt!

Lösung:

Da man am 31. Dezember für 1 Euro mehr Dollar erhält als am 28. Dezember, ist der Wert des Dollars gesunken. Es liegen somit gesunkene Wiederbeschaffungskosten vor. Nun kommt es darauf an, ob die Wertminderung vorübergehend oder dauerhaft ist. Da der unterste Kurs des Schwankungsbereichs zwischen Bilanzstichtag und Tag der Bilanzerstellung (1,1647) nicht wieder den Wert erreicht, mit dem die Forderungen gebucht sind (1,1633), handelt es sich um eine dauerhafte Wertminderung. In einem solchen Fall gilt das strenge Niederstwertprinzip gem. § 253 Abs. 3 HGB, wonach die niedrigeren Wiederbeschaffungskosten angesetzt werden müssen. Lt. § 6 Abs. 1 Nr. 2 EStG besteht jedoch ein Wahlrecht, das jedoch wegen des Maßgeblichkeitsprinzips des § 5 Abs. 1 EStG nicht zum Tragen kommt. Die dauerhafte Wertminderung reicht bis zum Wert am 31. Dezember, weil der unterste Kurs des Schwankungsbereichs nicht unter 1,2641 liegt.

Die Bestandsveränderung ergibt sich aus der folgenden Rechnung:

SB (5.000,00 USD zum Kurs von 1,1641)	4.295,16 EUR
./. AB (5.000,00 USD zum Kurs von 1,1633)	4.298,12 EUR
Minderbestand	./. 2,96 EUR

Die Buchung zur Anpassung der Forderung an die neuen Wertverhältnisse lautet deshalb:

Konto	Soll	Haben
2150/6880 Aufwendungen aus Kursdifferenzen	2,96	
1410/1210 Forderungen aus LuL		2,96

15. Darlehen und Fremdwährungsverbindlichkeiten

154. Rückzahlung einer Rechnung über 8.000,00 USD, die mit 1,2621 bilanziert ist, zu einem Kurs von 1,1762. Für die Auslandsüberweisung berechnet die Bank Gebühren in Höhe von 20,00 EUR.

Lösung:

Die Verbindlichkeit ist mit 8.000,00 USD = 6.338,64 EUR bilanziert und muss in dieser Höhe vom Konto 1610/3310 abgebucht werden. Rechnet man die 8.000,00 USD zu einem Kurs von 1,1762 um, dann kommt man auf 6.801,56 EUR. Dieser Betrag wird an den Lieferer überwiesen. Die Belastung des Bankkontos ist jedoch höher, da hier noch die Überweisungsgebühr in Höhe von 20,00 EUR hinzukommt. Weil die Überweisung den Buchwert der Verbindlichkeit übersteigt, ergibt sich ein Aufwand, der auf 2150/6880 gebucht wird, und sich wie folgt errechnet:

Überweisung	6.801,56 EUR
./. Buchwert der Verbindlichkeit	6.338,64 EUR
Aufwendungen aus Kursdifferenzen	462,92 EUR

Die Überweisungsgebühr hat in die obige Rechnung keinen Eingang gefunden, da sie auf 4970/6855 separat als Aufwand gebucht wird.

Die Buchung lautet deshalb:

Konto	Soll	Haben
1610/3310 Verbindlichkeiten aus LuL	6.338,64	
4970/6855 Nebenkosten des Geldverkehrs	20,00	
2150/6880 Aufwendungen aus Kursdifferenzen	462,92	
1200/1800 Bank		6.801,56

155. Rückzahlung einer Rechnung über 8.000,00 USD, die mit 1,2621 bilanziert ist, zu einem Kurs von 1,2828. Für die Auslandsüberweisung berechnet die Bank Gebühren in Höhe von 20,00 EUR.

Lösung:

Die Verbindlichkeit ist mit 8.000,00 USD = 6.338,64 EUR bilanziert und muss in dieser Höhe vom Konto 1610/3310 abgebucht werden. Rechnet man die 8.000,00 USD zu einem Kurs von 1,2828 um, dann kommt man auf 6.236,36 EUR. Dieser Betrag wird an den Lieferer überwiesen. Die Belastung des Bankkontos ist jedoch höher, da hier noch die Überweisungsgebühr in Höhe von 20,00 EUR hinzukommt. Weil die Überweisung niedriger als der Buchwert der Verbindlichkeit ist, ergibt sich ein Ertrag, der auf 2660/4840 gebucht wird, und sich wie folgt errechnet:

Buchwert der Verbindlichkeit	6.338,64 EUR
./. Überweisung	6.236,36 EUR
Erträge aus Kursdifferenzen	62,28 EUR

Die Überweisungsgebühr hat in die obige Rechnung keinen Eingang gefunden, da sie auf 4970/6855 separat als Aufwand gebucht wird.

Die Buchung lautet deshalb:

Konto	Soll	Haben
1610/3310 Verbindlichkeiten aus LuL	6.338,64	
4970/6855 Nebenkosten des Geldverkehrs	20,00	
2660/4840 Erträge aus Kursdifferenzen		62,28
1200/1800 Bank		6.236,36

156. Am 1. September haben wir ein Bankdarlehen über 200.000,00 EUR mit einer Laufzeit von 8 Jahren zu folgenden Konditionen aufgenommen: Auszahlung 98 %, Zinssatz: 8 %.
Zinszahlungen jeweils am 1. März und 1. September nachträglich.
Bei Aufnahme des Darlehens haben wir wie folgt gebucht
1200/1800 an 1610/3310 196.000,00EURO
Nehmen Sie die Buchungen im alten Jahr und zum 1. März des nächsten Jahres vor!

Lösung:

Die vorgenommene Buchung ist falsch und muss deshalb storniert werden:

Konto	Soll	Haben
1610/3310 Verbindlichkeiten aus LuL	196.000,00	
1200/1800 Bank		196.000,00

Verbindlichkeiten sind gem. § 6 Abs. 1 Nr. 3 i. V. m. Nr. 2 EStG mit den Anschaffungskosten anzusetzen. Das ist der Rückzahlungsbetrag gem. § 253 Abs. 1 HGB. Laut § 250 Abs. 3 HGB stellt das Damnum einen aktiven Rechnungsabgrenzungsposten i. S. d. § 5 Abs. 5 Nr. 1 EStG dar. Die richtige Buchung bei Auszahlung des Darlehens lautet daher:

Konto	Soll	Haben
1200/1800 Bank	196.000,00	
0986/1940 Damnum/Disagio	4.000,00	
0630/3150 Verbindl. gegenüber Kreditinstituten		200.000,00

Das Damnum stellt einen im Voraus gezahlten Zins für die gesamte Laufzeit dar und ist zum 31. Dezember abzugrenzen. Die 4.000,00 EUR beziehen sich somit auf einen Zeitraum von 8 Jahren. Pro Jahr sind dies 4.000,00 EUR : 8 = 500,00 EUR. Da der Kredit aber erst am 1. September aufgenommen worden ist, sind 4/12 = 167,00 EUR abzugrenzen:

Konto	Soll	Haben
2100/7300 Zinsen und ähnl. Aufwendungen	167,00	
0986/1940 Damnum/Disagio		167,00

Da die Zahlung der Zinsen im neuen Jahr erfolgt, ist auf Grund von § 252 Abs. 1 Nr. 5 HGB abzugrenzen. 4 Monate und somit 5.334,00 EUR der Zahlung gehören ins alte Jahr, dagegen 2 Monate und somit 2.666,00 EUR ins neue. Weil von diesem Sachverhalt bisher noch nichts gebucht worden ist, muss der Betrag für das alte Jahr als Aufwand gebucht werden. Die Abgrenzungsbuchung lautet deshalb:

Konto	Soll	Haben
2100/7300 Zinsen und ähnliche Aufwendungen	5.334,00	
1700/3500 Sonstige Verbindlichkeiten		5.334,00

Die Buchung der Zinszahlung am 1. März lautet schließlich noch:

Konto	Soll	Haben
2100/7300 Zinsen und ähnliche Aufwendungen	2.666,00	
1700/3500 Sonstige Verbindlichkeiten	5.334,00	
1200/1800 Bank		8.000,00

157. Wir haben am 1. November bei der Bank ein Darlehen über 400.000,00 EUR aufgenommen. Die Konditionen lauteten: Auszahlung 98 %, Zins 6 %, der halbjährlich im Voraus zu entrichten ist und deshalb bei der Auszahlung gleich abgezogen wird. Laufzeit: 10 Jahre. Ferner wird bei der Auszahlung eine Bearbeitungsgebühr in Höhe von 0,5 % vom Nennwert einbehalten. Nehmen Sie alle Buchungen im Jahr der Darlehensaufnahme vor!

Lösung:

Verbindlichkeiten sind gem. § 6 Abs. 1 Nr. 3 i. V. m. Nr. 2 EStG mit den Anschaffungskosten anzusetzen. Das ist der Rückzahlungsbetrag gem. § 253 Abs. 1 HGB. Laut § 250 Abs. 3 HGB stellen das Damnum und die Bearbeitungsgebühr aktive Rechnungsabgrenzungsposten i. S. d. § 5 Abs. 5 Nr. 1 EStG dar. Ferner ist zu berücksichtigen, dass die Zinsen im Voraus entrichtet werden. Die Buchung bei Auszahlung des Darlehens lautet daher:

Konto	Soll	Haben
1200/1800 Bank	378.000,00	
0986/1940 Damnum/Disagio	8.000,00	
0980/1900 Aktive Rechnungsabgrenzung	2.000,00	
2100/7300 Zinsen und ähnliche Aufwendungen	12.000,00	
0630/3150 Verbindl. gegenüber Kreditinstituten		400.000,00

Das Damnum stellt einen im Voraus gezahlten Zins für die gesamte Laufzeit dar und ist zum 31. Dezember abzugrenzen. Die 8.000,00 EUR beziehen sich somit auf einen Zeitraum von 10 Jahren. Pro Jahr sind dies 8.000,00 EUR : 10 = 800,00 EUR. Da der Kredit aber erst am 1. November aufgenommen worden ist, sind 2/12 = 134,00 EUR abzugrenzen:

Konto	Soll	Haben
2100/7300 Zinsen und ähnl. Aufwendungen	134,00	
0986/1940 Damnum/Disagio		134,00

Die obigen Aussagen über die Abgrenzung des Damnums gelten auch für die Bearbeitungsgebühr. Der Abgrenzungsbetrag errechnet sich dabei wie folgt:

2.000,00 EUR : 10 = 200,00 EUR, davon 2/12 = 34,00 EUR,

weshalb die notwendige Buchung lautet:

Konto	Soll	Haben
2100/7300 Zinsen und ähnl. Aufwendungen	34,00	
0980/1900 Aktive Rechnungsabgrenzung		34,00

Da die Zahlung der Zinsen im Voraus im alten Jahr erfolgt und es sich um Aufwendungen handelt, liegt ein Fall der aktiven Rechnungsabgrenzung gem. § 5 Abs. 5 Nr. 1 EStG i. V. m. § 250 Abs. 1 HGB vor. 2 Monate und somit 4.000,00 EUR der Zahlung gehören ins alte Jahr, dagegen 4 Monate und somit 8.000,00 EUR ins neue. Mithin wurden auf 2100/7300 8.000,00 EUR zu viel gebucht. Die Abgrenzungsbuchung lautet deshalb:

Konto	Soll	Haben
0980/1900 Aktive Rechnungsabgrenzung	8.000,00	
2100/7300 Zinsen und ähnl. Aufwendungen		8.000,00

158. Buchen Sie die Abgrenzung des Damnums (Aufgabe 4) zum 31. Dezember des folgenden Jahres!

Lösung:

Nun ist das Damnum für ein volles Jahr abzugrenzen, nämlich in Höhe von 800,00 EUR, wie bei Aufgabe 4 errechnet.

Konto	Soll	Haben
2100/7300 Zinsen und ähnl. Aufwendungen	800,00	
0986/1940 Damnum/Disagio		800,00

159. Wir gewähren einem guten Kunden am 1. Dezember ein Darlehen über 100.000,00 EUR (Laufzeit 10 Jahre, Auszahlung 100 %, Zinssatz 5 %). Die Zinsen werden halbjährlich nachträglich bezahlt. Buchen Sie zum 1. Dezember und zum 31. Dezember! (Auszahlung per Bank!)

Lösung:

Am 1. Dezember ist die Darlehensauszahlung zu buchen:

Konto	Soll	Haben
0550/0940 Darlehen	100.000,00	
1200/1800 Bank		100.000,00

Zum 31. Dezember sind die Zinsen abzugrenzen. Da die Zahlung im neuen Jahr erfolgt, ist auf Grund von § 252 Abs. 1 Nr. 5 HGB abzugrenzen. 1 Monat und somit 416,00 EUR der Zahlung gehören ins alte Jahr, dagegen 5 Monate und somit 2.084,00 EUR ins neue. Weil von diesem Sachverhalt bisher noch nichts gebucht worden ist, muss der Betrag für das alte Jahr als Ertrag gebucht werden. Die Abgrenzungsbuchung lautet deshalb:

Konto	Soll	Haben
1500/1300 Sonstige Vermögensgegenstände	416,00	
2650/7100 Sonstige Zinsen und ähnliche Erträge		416,00

160. Eine Währungsverbindlichkeit aus einem Warenkauf über 10.000,00 USD ist bei Lieferung mit einem Kurs von 1,1403 gebucht worden. Zum Bilanzstichtag liegt der Kurs bei 1,1621. Zwischen Bilanzstichtag und Tag der Rückzahlung schwankt der Kurs zwischen 1,0762 und 1,1828. Buchen Sie zum 31. Dezember.

Lösung:

Da man am 31. Dezember für 1 Euro mehr Dollar erhält als am Tag der Lieferung, ist der Wert des Dollars gesunken. In diesem Fall erfolgt die Bewertung der Verbindlichkeit gem. § 6 Abs. 1 Nr. 3 i. V. m. Nr. 2 EStG mit den Anschaffungskosten, d. h. dem Wert bei Entstehung des offenen Postens. Weil die Schuld in dieser Höhe bereits auf dem Konto steht, ist keine Buchung erforderlich.

161. Eine Währungsverbindlichkeit aus einem Warenverkauf über 10.000,00 USD ist bei Lieferung mit einem Kurs von 1,1690 gebucht worden. Zum Bilanzstichtag liegt der Kurs bei 1,1621. Zwischen Bilanzstichtag und Tag der Rückzahlung schwankt der Kurs zwischen 1,1462 und 1,1828. Buchen Sie zum 31. Dezember.

Lösung:

Da man am 31. Dezember für 1 Euro weniger Dollar erhält als am Tag der Lieferung, ist der Wert des Dollars gestiegen. Nun kommt es darauf an, ob der Kursanstieg vorübergehend oder dauerhaft ist. Weil der oberste Kurs des Schwankungsbereichs zwischen Bilanzstichtag und Tag der Rückzahlung (1,1828) wieder den Wert erreicht, mit dem die Verbindlichkeiten gebucht sind, handelt es sich nur um einen vorübergehenden Kursanstieg. In einem solchen Fall ist gem. § 6 Abs. 1 Nr. 3 i. V. m. Nr. 2 EStG die Verbindlichkeit mit den Anschaffungskosten, d. h. dem Wert der Schuld bei ihrer Entstehung, anzusetzen. Weil die Verbindlichkeit mit diesem Wert auf dem Konto steht, ist keine Buchung erforderlich.

162. **Eine Währungsverbindlichkeit aus einem Warenkauf über 10.000,00 USD ist bei Lieferung mit einem Kurs von 1,1690 gebucht worden. Zum Bilanzstichtag liegt der Kurs bei 1,1621. Zwischen Bilanzstichtag und Tag der Rückzahlung schwankt der Kurs zwischen 1,1462 und 1,1621. Buchen Sie zum 31. Dezember.**

Lösung:

Da man am 31. Dezember für 1 Euro weniger Dollar erhält als am Tag der Lieferung, ist der Wert des Dollars gestiegen. Nun kommt es darauf an, ob der Kursanstieg vorübergehend oder dauerhaft ist. Weil der oberste Kurs des Schwankungsbereichs zwischen Bilanzstichtag und Tag der Rückzahlung (1,1621) nicht wieder den Wert erreicht, mit dem die Verbindlichkeiten gebucht sind, handelt es sich um einen dauerhaften Kursanstieg. In einem solchen Fall muss der Ansatz gem. § 253 Abs. 1 Satz 2 HGB mit dem höheren Rückzahlungsbetrag erfolgen. Dies entspricht dem Vorsichtsprinzip des § 252 Abs. 1 Nr. 4 HGB. Lt. § 6 Abs. 1 Nr. 3 i. V. m. Nr. 2 ESt könnte die Verbindlichkeit auch mit den Anschaffungskosten (= Buchwert) angesetzt werden, wegen des Maßgeblichkeitsprinzips des § 5 Abs. 1 EStG kommt dieses Wahlrecht jedoch nicht zum Tragen.

Die Bestandsveränderung ergibt sich aus der folgenden Rechnung:

SB (10.000 USD zum Kurs von 1,1621)	8.605,11 EUR
./. AB (10.000 USD zum Kurs von 1,1690)	8.554,32 EUR
Mehrbestand	50,79 EUR

Die Verbindlichkeit ist deshalb erfolgswirksam heraufzusetzen:

Konto	Soll	Haben
2150/6880 Aufwendungen aus Kursdifferenzen	50,79	
1610/3310 Verbindlichkeiten aus LuL		50,79

163. **Eine Währungsverbindlichkeit aus einem Warenkauf über 10.000,00 USD ist bei Lieferung mit einem Kurs von 1,1690 gebucht worden. Zum Bilanzstichtag liegt der Kurs bei 1,1621. Zwischen Bilanzstichtag und Tag der Rückzahlung schwankt der Kurs zwischen 1,1462 und 1,1647. Buchen Sie zum 31. Dezember.**

Lösung:

Da man am 31. Dezember für 1 Euro weniger Dollar erhält als am Tag der Lieferung, ist der Wert des Dollars gestiegen. Nun kommt es darauf an, ob der Kursanstieg vorübergehend oder dauerhaft ist. Weil der oberste Kurs des Schwankungsbereichs zwischen Bilanzstichtag und Tag der Rückzahlung nicht wieder den Wert erreicht, mit dem die Verbindlichkeiten gebucht sind, handelt es sich um einen dauerhaften Kursanstieg. Der Kurs ist jedoch nicht dauerhaft auf den Wert am Bilanzstichtag gestiegen, sondern nur auf den höchsten Wert des Schwankungsbereichs (1,1647). Dieser übersteigt den Kurs am Bilanzstichtag (1,1621), weshalb nur ein dauerhafter Kursanstieg auf 1,1647 vorliegt. In einem solchen Fall muss der Ansatz gem. § 253 Abs. 1 Satz 2 HGB mit dem höheren Rückzahlungsbetrag (= oberster Wert des Schwankungsbereichs) erfolgen. Dies entspricht dem Vorsichtsprinzip des § 252 Abs. 1 Nr. 4 HGB. Lt. § 6 Abs. 1 Nr. 3 i. V. m. Nr. 2 ESt könnte die Verbindlichkeit auch mit den Anschaffungskosten (= Buchwert) angesetzt werden, wegen des Maßgeblichkeitsprinzips des § 5 Abs. 1 EStG kommt dieses Wahlrecht jedoch nicht zum Tragen.

Die Bestandsveränderung ergibt sich aus der folgenden Rechnung:

SB (10.000 USD zum Kurs von 1,1647)	8.585,90 EUR
./. AB (10.000 USD zum Kurs von 1,1690)	8.554,32 EUR
Mehrbestand	31,58 EUR

Die Verbindlichkeit ist deshalb erfolgswirksam heraufzusetzen:

Konto	Soll	Haben
2150/6880 Aufwendungen aus Kursdifferenzen	31,58	
1610/3310 Verbindlichkeiten aus LuL		31,58

164. Wir überweisen für ein Darlehen die Tilgung in Höhe von 2.000,00 EUR und die Zinsen in Höhe von 500,00 EUR.

Lösung:

Während die Tilgung die Verbindlichkeit mindert, stellt die Zinszahlung einen Aufwand dar:

Konto	Soll	Haben
0630/3150 Verbindl. gegenüber Kreditinstituten	2.000,00	
2100/7300 Zinsen und ähnl. Aufwendungen	500,00	
1200/1800 Bank		2.500,00

16. Rücklage für Ersatzbeschaffung

165. Eine Maschine hatte am 31. Dezember 2004 einen Buchwert von 100.000,00 EUR. Sie wird linear mit 50.000,00 EUR pro Jahr abgeschrieben. Am 31. März 2005 wird die Maschine durch Brand vernichtet. Sie ist mit 200.000,00 EUR versichert. Die Versicherung überweist im August 2005 die Versicherungssumme auf unser Bankkonto.
Im Januar 2006 wird eine neue Maschine gegen Bankscheck gekauft, netto 300.000,00 EUR + 16 % USt 48.000,00 EUR = 348.000,00 EUR, Nutzungsdauer 10 Jahre (lineare AfA).
Die Montagekosten in Höhe von 2.000,00 EUR + 16 % USt 320,00 EUR = 2.320,00 EUR werden bar entrichtet.
Nehmen Sie die Buchungen für die Jahre 2005 und 2006 vor!

Lösung:

Da die vernichtete Maschine bis zum 31. März genutzt worden ist, muss noch die reguläre AfA für 2005 gebucht werden. Laut Angabe beträgt die lineare Jahres-AfA gem. § 7 Abs. 1 EStG 50.000,00 EUR. Bis einschließlich März werden deshalb 3/12 von 50.000,00 EUR = 12.500,00 EUR abgeschrieben:

Konto	Soll	Haben
4830/6220 Abschreibungen auf Sachanlagen	12.500,00	
0210/0440 Maschinen		12.500,00

Unter Berücksichtigung der oben gebuchten AfA errechnet sich der Restbuchwert der vernichteten Maschine wie folgt:

Buchwert 31. Dezember 2004	100.000,00 EUR
./. AfA 31. März 2005	12.500,00 EUR
Restbuchwert	87.500,00 EUR

Da die Maschine nicht mehr zur Verfügung steht, sind die 87.500,00 EUR als außerplanmäßige Abschreibung auszubuchen:

Konto	Soll	Haben
4840/6230 Außerplanm. Abschreibungen	87.500,00	
0210/0440 Maschinen		87.500,00

Bei der von der Versicherung gezahlten Entschädigung handelt es sich um einen echten Schadensersatz, weshalb diese Einnahme keinen steuerbaren Umsatz gem. § 1 Abs. 1 Nr. 1 UStG darstellt:

Konto	Soll	Haben
1200/1800 Bank	200.000,00	
2700/4830 Sonstige betriebliche Erträge		200.000,00

Durch die gezahlte Entschädigung wurden stille Reserven in folgender Höhe aufgedeckt:

Entschädigung	200.000,00 EUR
./. Restbuchwert	87.500,00 EUR
stille Reserven	112.500,00 EUR

In Höhe dieser stillen Reserven kann eine sog. Rücklage für Ersatzbeschaffung gebildet werden:

Konto	Soll	Haben
2340/6925 Einstellung in Sonderp. m. Rückl.	112.500,00	
0930/2980 Sonderposten mit Rücklageanteil		112.500,00

Der Nettopreis der neuen Maschine stellt Anschaffungskosten i.S.d. § 255 Abs. 1 HGB dar. Da eine Rechnung mit gesondertem Steuerausweis vorliegt, kann die Vorsteuer gem. § 15 Abs. 1 Nr. 1 UStG abgezogen werden.

Konto	Soll	Haben
0210/0440 Maschinen	300.000,00	
1570/1400 Abziehbare Vorsteuer	48.000,00	
1200/1800 Bank		348.000,00

Die Montagekosten erhöhen als Anschaffungsnebenkosten gem. § 255 Abs. 1 Satz 2 HGB die Anschaffungskosten der Maschine. Auch für sie liegt eine Rechnung mit gesondertem Steuerausweis vor, weshalb die Vorsteuer gem. § 15 Abs. 1 Nr. 1 UStG abgezogen werden kann.

Konto	Soll	Haben
0210/0440 Maschinen	2.000,00	
1570/1400 Abziehbare Vorsteuer	320,00	
1000/1600 Kasse		2.320,00

Da die Ersatzbeschaffung (netto) die Versicherungsentschädigung übersteigt, dürfen die als Rücklage gebuchten stillen Reserven in voller Höhe auf das Ersatzwirtschaftsgut übertragen werden:

Konto	Soll	Haben
0930/2980 Sonderposten mit Rücklageanteil	112.500,00	
0210/0440 Maschinen		112.500,00

Die Bemessungsgrundlage für die AfA berechnet sich wie folgt:

Nettopreis	300.000,00 EUR
+ Montagekosten (netto)	2.000,00 EUR
./. übertragene stille Reserven	112.500,00 EUR
Bemessungsgrundlage	189.500,00 EUR

Bei einer Nutzungsdauer von 10 Jahren errechnet sich die lineare AfA gem. § 7 Abs. 1 EStG folgendermaßen:

100 % : 10 Jahre = 10 % von 189.500,00 EUR = 18.950,00 EUR.

Die AfA für die neue Maschine wird deshalb wie folgt gebucht:

Konto	Soll	Haben
4830/6220 Abschreibungen auf Sachanlagen	18.950,00	
0210/0440 Maschinen		18.950,00

166. Wie Aufgabe 1, nur der Preis der neuen Maschine beträgt nun 150.000,00 EUR (netto), die Montagekosten belaufen sich auf 1.000,00 EUR (netto).

Lösung:

Es ändert sich die Lösung der ersten vier Buchungssätze – Buchung der regulären AfA der alten Maschine, Ausbuchung des Restbuchwerts, Vereinnahmung der Versicherungsentschädigung und Bildung der Rücklage für Ersatzbeschaffung – gegenüber Aufgabe 1 nicht, Unterschiede ergeben sich nur bei den letzten vier Buchungen.

Der Nettopreis der neuen Maschine stellt Anschaffungskosten i.S.d. § 255 Abs. 1 HGB dar. Da eine Rechnung mit gesondertem Steuerausweis vorliegt, kann die Vorsteuer gem. § 15 Abs. 1 Nr. 1 UStG abgezogen werden.

Konto	Soll	Haben
0210/0440 Maschinen	150.000,00	
1570/1400 Abziehbare Vorsteuer	24.000,00	
1200/1800 Bank		174.000,00

Die Montagekosten erhöhen als Anschaffungsnebenkosten gem. § 255 Abs. 1 Satz 2 HGB die Anschaffungskosten der Maschine. Auch für sie liegt eine Rechnung mit gesondertem Steuerausweis vor, weshalb die Vorsteuer gem. § 15 Abs. 1 Nr. 1 UStG abgezogen werden kann.

Konto	Soll	Haben
0210/0440 Maschinen	1.000,00	
1570/1400 Abziehbare Vorsteuer	160,00	
1000/1600 Kasse		1.160,00

Da die Ersatzbeschaffung (netto) einschl. Anschaffungsnebenkosten die Versicherungsentschädigung nicht übersteigt, dürfen die als Rücklage gebuchten stillen Reserven nicht in voller Höhe auf das Ersatzwirtschaftsgut übertragen werden. Der Betrag, der von 0210/0440 heruntergebucht werden darf, lässt sich mit dem folgenden Dreisatz ermitteln:

200.000,00 EUR	=	112.500,00 EUR
151.000,00 EUR	=	84.938,00 EUR

Der Teil der Rücklage, der nicht auf die neue Maschine übertragen werden kann, stellt einen Ertrag dar:

Konto	Soll	Haben
0930/2980 Sonderposten mit Rücklageanteil	112.500,00	
0210/0440 Maschinen		84.938,00
2740/4935 Ertr. a.d. Aufl. von Sonderp. m. R.		27.562,00

Die Bemessungsgrundlage für die AfA berechnet sich wie folgt:

Nettopreis	150.000,00 EUR
+ Montagekosten (netto)	1.000,00 EUR
./. übertragene stille Reserven	84.938,00 EUR
Bemessungsgrundlage	66.062,00 EUR

Bei einer Nutzungsdauer von 10 Jahren errechnet sich die lineare AfA gem. § 7 Abs. 1 EStG folgendermaßen:

100 % : 10 Jahre = 10 % von 66.062,00 EUR = 6.607,00 EUR.

Die AfA für die neue Maschine wird deshalb wie folgt gebucht:

Konto	Soll	Haben
4830/6220 Abschreibungen auf Sachanlagen	6.607,00	
0210/0440 Maschinen		6.607,00

167. Im Februar 2005 wurde eine Maschine durch Brand zerstört. Der Buchwert der Maschine zum 31. Dezember 2004 hatte 32.000,00 EUR betragen. Sie hatte eine Nutzungsdauer von 5 Jahren, die Anschaffungskosten betrugen 40.000,00 EUR. Im September 2005 erstatte die Versicherung per Banküberweisung 40.000,00 EUR. Am 25. Oktober 2005 wurde eine Ersatzmaschine zum Preis von 35.000,00 EUR + 16 % USt 5.600,00 EUR = 40.600,00 EUR per Bankscheck erworben.
Die Maschine hat eine Nutzungsdauer von 12 Jahren.
Nehmen Sie alle Buchungen im Jahr 2005 vor!

Lösung:

Da die vernichtete Maschine bis Februar genutzt worden ist, muss noch die reguläre AfA für 2005 gebucht werden. Bei einer Nutzungsdauer von 5 Jahren beträgt der lineare AfA-Satz gem. § 7 Abs. 1 EStG 100 % : 5 Jahre = 20 %. Da dieser nicht unter dem degressiven Höchstsatz gem. § 7 Abs. 2 EStG liegt, wird linear abgeschrieben. Die AfA bis einschließlich Februar ermittelt sich deshalb wie folgt:

20 % von 40.000,00 EUR = 8.000,00 EUR, davon 2/12 = 1.334,00 EUR

Konto	Soll	Haben
4830/6220 Abschreibungen auf Sachanlagen	1.334,00	
0210/0440 Maschinen		1.334,00

Unter Berücksichtigung der oben gebuchten AfA errechnet sich der Restbuchwert der vernichteten Maschine folgendermaßen:

Buchwert 31. Dezember 2004	32.000,00 EUR
./. AfA Februar 2005	1.334,00 EUR
Restbuchwert	30.666,00 EUR

Da die Maschine nicht mehr zur Verfügung steht, sind die 30.666,00 EUR als außerplanmäßige Abschreibung auszubuchen:

Konto	Soll	Haben
4840/6230 Außerpl. Abschreibungen	30.666,00	
0210/0440 Maschinen		30.666,00

Bei der von der Versicherung gezahlten Entschädigung handelt es sich um einen echten Schadensersatz, weshalb diese Einnahme keinen steuerbaren Umsatz gem. § 1 Abs. 1 Nr. 1 UStG darstellt:

Konto	Soll	Haben
1200/1800 Bank	40.000,00	
2700/4830 Sonstige betriebliche Erträge		40.000,00

Durch die gezahlte Entschädigung wurden stille Reserven in folgender Höhe aufgedeckt:

Entschädigung	40.000,00 EUR
./. Restbuchwert	30.666,00 EUR
stille Reserven	9.334,00 EUR

Da die Ersatzbeschaffung im Jahr der Zerstörung der Maschine erfolgt, ist es nicht erforderlich, eine Rücklage für Ersatzbeschaffung zu bilden. Die stillen Reserven können direkt auf die neue Maschine übertragen werden.

Zunächst ist jedoch erst der Kauf des Ersatzwirtschaftsguts zu buchen.

Der Nettopreis der neuen Maschine stellt Anschaffungskosten i.S.d. § 255 Abs. 1 HGB dar. Da eine Rechnung mit gesondertem Steuerausweis vorliegt, kann die Vorsteuer gem. § 15 Abs. 1 Nr. 1 UStG abgezogen werden.

Konto	Soll	Haben
0210/0440 Maschinen	35.000,00	
1570/1400 Abziehbare Vorsteuer	5.600,00	
1200/1800 Bank		40.600,00

Da die Ersatzbeschaffung (netto) die Versicherungsentschädigung nicht übersteigt, dürfen die stillen Reserven nicht in voller Höhe auf das Ersatzwirtschaftsgut übertragen werden. Der Betrag, der von 0210/0440 heruntergebucht werden darf, lässt sich mit dem folgenden Dreisatz ermitteln:

40.000,00 EUR	=	9.334,00 EUR
35.000,00 EUR	=	8.168,00 EUR

Diese 8.168,00 EUR mindern zugleich den sonstigen Ertrag, der bei Gutschrift der Versicherungsentschädigung gebucht worden ist:

Konto	Soll	Haben
2700/4830 Sonstige betriebliche Erträge	8.168,00	
0210/0440 Maschinen		8.168,00

Die Bemessungsgrundlage für die AfA berechnet sich wie folgt:

Nettopreis	35.000,00 EUR
./. übertragene stille Reserven	8.168,00 EUR
Bemessungsgrundlage	26.832,00 EUR

Bei einer Nutzungsdauer von 12 Jahren beträgt der lineare AfA-Satz gem. § 7 Abs. 1 EStG 100 % : 12 Jahre = 8 1/3 % und liegt somit unter dem degressive Höchstsatz von 20 %, weshalb degressiv gem. § 7 Abs. 2 EStG abgeschrieben wird. Die degressive Jahres-AfA beträgt 16 2/3 % von 26.832,00 EUR = 4.472,00 EUR. Da die neue Maschine erst im Oktober angeschafft worden ist, muss monatsanteilig gem. § 7 Abs. 2 Satz 3 i.V.m. Abs. 1 Satz 4 EStG abgeschrieben werden:

3/12 von 4.472,00 EUR = 1.118,00 EUR.

Die AfA für die neue Maschine wird deshalb wie folgt gebucht:

Konto	Soll	Haben
4830/6220 Abschreibungen auf Sachanlagen	1.118,00	
0210/0440 Maschinen		1.118,00

168. **Letztes Jahr wurde eine Rücklage für Ersatzbeschaffung in Höhe von 10.000,00 EUR gebildet. Zum Ende dieses Jahres steht jedoch fest, dass keine Ersatzinvestition durchgeführt wird.**

Lösung:

Wenn keine Ersatzinvestition durchgeführt wird, ist die Rücklage für Ersatzbeschaffung erfolgswirksam aufzulösen:

Konto	Soll	Haben
0930/2980 Sonderposten mit Rücklageanteil	10.000,00	
2740/4935 Ertr. a.d. Aufl. von Sonderp. m. R.		10.000,00

17. Rückstellungen

169. Bilden Sie die Gewerbesteuer-Rückstellung in Höhe von 6.000,00 EUR!

Lösung:

Laut § 249 Abs. 1 HGB sind Rückstellungen für ungewisse Verbindlichkeiten zu bilden. Wegen des im § 5 Abs. 1 EStG festgelegten Maßgeblichkeitsprinzips gilt diese Regelung auch für die Steuerbilanz.

Konto	Soll	Haben
4320/7610 Gewerbesteuer	6.000,00	
0955/3020 Steuerrückstellungen		6.000,00

170. Wir haben Gewerbesteuer-Vorauszahlungen in Höhe von insgesamt 4.000,00 EUR geleistet. Tatsächlich ist jedoch mit einer Gewerbesteuer in Höhe von 5.100,00 EUR zu rechnen. Bilden Sie die entsprechende Rückstellung!

Lösung:

Laut § 249 Abs. 1 HGB sind Rückstellungen für ungewisse Verbindlichkeiten zu bilden. Wegen des im § 5 Abs. 1 EStG festgelegten Maßgeblichkeitsprinzips gilt diese Regelung auch für die Steuerbilanz. Weil die erwartete Gewerbesteuer um 1.100,00 EUR höher ist als die Vorauszahlungen, ist in dieser Höhe eine Rückstellung zu bilden.

Konto	Soll	Haben
4320/7610 Gewerbesteuer	1.100,00	
0955/3020 Steuerrückstellungen		1.100,00

171. Aufgrund des Gewerbesteuerbescheids ist eine Nachzahlung von 2.000,00 EUR fällig. Rückstellungen hatten wir in Höhe von 2.200,00 EUR gebildet.

Lösung:

Mit Eintreffen des Gewerbesteuerbescheids entstehen tatsächliche Verbindlichkeiten gegenüber dem Finanzamt, weshalb der Grund für die Bildung einer Rückstellung entfällt und diese gem. § 249 Abs. 3 HGB aufzulösen ist. Da die Nachzahlung geringer als die ursprünglich gebildete Rückstellung ist, entsteht dabei ein Ertrag.

Konto	Soll	Haben
0955/3020 Steuerrückstellungen	2.200,00	
1736/3700 Verbindlichkeiten aus Betriebssteuern		2.000,00
2284/7644 Ertr. aus der Aufl. v. Rückst. für Steuern		200,00

172. Aus dem Gewerbesteuerbescheid entnehmen wir, dass wir eine Nachzahlung in Höhe von 5.500,00 EUR leisten müssen, die Einstellung in die Rückstellungen betrug jedoch nur 4.800,00 EUR.

Lösung:

Mit Eintreffen des Gewerbesteuerbescheids entstehen tatsächliche Verbindlichkeiten gegenüber dem Finanzamt, weshalb der Grund für die Bildung einer Rückstellung entfällt und diese gem. § 249 Abs. 3 HGB aufzulösen ist. Da die Nachzahlung höher als die ursprünglich gebildete Rückstellung ist, entsteht dabei ein Aufwand.

Konto	Soll	Haben
0955/3020 Steuerrückstellungen	4.800,00	
1736/3700 Verbindlichkeiten aus Betriebssteuern		5.500,00
2280/7640 Steuernachzahlungen Vorjahre	700,00	

173. Im letzten Jahresabschluss wurde eine Gewerbesteuer-Nachzahlung in Höhe von 1.200,00 EUR veranschlagt. Im November dieses Jahres ging der Gewerbesteuer-Bescheid über 1.500,00 EUR ein und wurde per Bank beglichen. Wir haben wie folgt gebucht:

2280/7640	1.500,00	
1200/1800		1.500,00

Lösung:

Mit Eintreffen des Gewerbesteuerbescheids entstehen tatsächliche Verbindlichkeiten gegenüber dem Finanzamt, weshalb der Grund für die Bildung einer Rückstellung entfällt und diese gem. § 249 Abs. 3 HGB aufzulösen ist. Da die Nachzahlung höher als die ursprünglich gebildete Rückstellung ist, entsteht dabei ein Aufwand in Höhe von 300,00 EUR. Bei der vorgenommenen Buchung wurden jedoch 1.500,00 EUR als Aufwand gebucht, sodass dieser entsprechend herabzusetzen und dafür die Rückstellung aufzulösen ist.

Konto	Soll	Haben
0955/3020 Steuerrückstellungen	1.200,00	
2280/7640 Steuernachzahlungen Vorjahre		1.200,00

174. Im letzten Jahresabschluss wurde eine Gewerbesteuer-Nachzahlung in Höhe von 1.200,00 EUR veranschlagt. Im November dieses Jahres ging der Gewerbesteuer-Bescheid über 1.000,00 EUR ein und wurde per Bank beglichen. Wir haben wie folgt gebucht:

2280/7640	1.000,00	
1200/1800		1.000,00

Lösung:

Mit Eintreffen des Gewerbesteuerbescheids entstehen tatsächliche Verbindlichkeiten gegenüber dem Finanzamt, weshalb der Grund für die Bildung einer Rückstellung entfällt und diese gem. § 249 Abs. 3 HGB aufzulösen ist. Da die Nachzahlung geringer als die ursprünglich gebildete Rückstellung ist, entsteht dabei ein Ertrag in Höhe von 200,00 EUR. Bei der vorgenommenen Buchung wurden jedoch 1.000,00 EUR als Aufwand gebucht, der wieder ausgebucht werden muss.

Konto	Soll	Haben
0955/3020 Steuerrückstellungen	1.200,00	
2280/7640 Steuernachzahlungen Vorjahre		1.000,00
2284/7644 Ertr. aus der Aufl. v. Rückst. für Steuern		200,00

175. Wegen äußerst hoher Kapazitätsauslastung konnten dieses Jahr notwendige Instandhaltungsarbeiten nicht durchgeführt werden. Sie wurden auf Anfang März verschoben. Die wahrscheinlichen Kosten betragen 4.000,00 EUR + 640,00 EUR USt.

Lösung:

Laut § 249 Abs. 1 Nr. 1 HGB sind Rückstellungen für unterlassene Instandhaltungen zu bilden, wenn diese im neuen Wirtschaftsjahr innerhalb von drei Monaten nachgeholt werden. Wegen des im § 5 Abs. 1 EStG festgelegten Maßgeblichkeitsprinzips gilt diese Regelung auch für die Steuerbilanz. Ein Vorsteuerabzug gem. § 15 Abs. 1 Nr. 1 UStG ist jedoch erst dann möglich, wenn die Instandhaltung ausgeführt worden ist und eine Rechnung vorliegt.

Konto	Soll	Haben
4809/6490 Sonst. Reparaturen und Instandhaltung	4.000,00	
0970/3070 Sonstige Rückstellungen		4.000,00

176. Wegen äußerst hoher Kapazitätsauslastung konnten dieses Jahr notwendige Instandhaltungsarbeiten nicht durchgeführt werden. Die Arbeiten werden voraussichtlich im März begonnen und im Mai abgeschlossen. Die wahrscheinlichen Kosten betragen 4.000,00 EUR + 640,00 EUR USt.

Lösung:

Laut § 249 Abs. 1 Nr. 1 HGB sind Rückstellungen für unterlassene Instandhaltungen zu bilden, wenn diese im neuen Wirtschaftsjahr innerhalb von drei Monaten nachgeholt werden. Wegen des im § 5 Abs. 1 EStG festgelegten Maßgeblichkeitsprinzips gilt diese Regelung auch für die Steuerbilanz. Für das im § 249 Abs. 1 Satz 3 HGB postulierte Wahlrecht zur Bildung einer Rückstellung bei Nachholung der Instandhaltungen im nächsten Wirtschaftsjahr, aber außerhalb der ersten drei Monate, besteht in der Steuerbilanz ein Passivierungsverbot, sodass in diesem Fall keine Rückstellung gebildet werden darf.

177. Ein Kunde beanstandet innerhalb der Garantiezeit eine Videokamera. Laut Vertrag sind wir zur Beseitigung des Schadens verpflichtet. Wegen der starken Auslastung unseres Betriebes zur Weihnachtszeit kann die Reparatur nicht mehr bis zum 31. Dezember durchgeführt werden. Die geschätzten Reparaturkosten betragen 600,00 EUR.

Lösung:

Laut § 249 Abs. 1 HGB sind Rückstellungen für ungewisse Verbindlichkeiten zu bilden. Wegen des im § 5 Abs. 1 EStG festgelegten Maßgeblichkeitsprinzips gilt diese Regelung auch für die Steuerbilanz.

Konto	Soll	Haben
4790/6790 Aufwand für Gewährleistung	600,00	
0970/3070 Sonstige Rückstellungen		600,00

178. Ein Kunde beanstandet außerhalb der Garantiezeit eine Videokamera, weshalb wir nicht mehr zur Beseitigung des Schadens verpflichtet sind. Wir werden aber trotzdem die Reparatur Anfang nächsten Jahres aus Kulanzgründen durchführen. Die geschätzten Reparaturkosten betragen 600,00 EUR.

Lösung:

Laut § 249 Abs. 1 HGB sind Rückstellungen für Gewährleistungen zu bilden, die ohne rechtliche Verpflichtung erbracht werden. Wegen des im § 5 Abs. 1 EStG festgelegten Maßgeblichkeitsprinzips gilt diese Regelung auch für die Steuerbilanz.

Konto	Soll	Haben
4790/6790 Aufwand für Gewährleistung	600,00	
0970/3070 Sonstige Rückstellungen		600,00

179. Die Instandhaltungsarbeiten (Aufgabe 7) werden im Februar des nächsten Jahres von einem Fremdunternehmen durchgeführt. Die Rechnung über 4.500,00 EUR + 720,00 EUR USt wird per Banküberweisung beglichen.

Lösung:

Mit Durchführung der Instandhaltungsmaßnahmen entfällt der Grund für die Bildung der Rückstellungen, weshalb diese gem. § 249 Abs. 3 HGB aufzulösen sind, was als Ertrag zu buchen ist. Zunächst wird jedoch die Begleichung der Instandhaltungsrechnung unabhängig von der Bildung einer Rückstellung gebucht. Dabei ist die in der Rechnung gesondert ausgewiesene Umsatzsteuer gem. § 15 Abs. 1 Nr. 1 UStG als Vorsteuer abziehbar.

Buchung der Instandhaltungsrechnung:

Konto	Soll	Haben
4809/6490 Sonstige Reparaturen und Instandhaltung	4.500,00	
1570/1400 Abziehbare Vorsteuer	720,00	
1200/1800 Bank		5.220,00

Buchung der Auflösung der Rückstellungen:

Konto	Soll	Haben
0970/3070 Sonstige Rückstellungen	4.000,00	
2735/4930 Erträge aus der Auflösung von Rückstellungen		4.000,00

180. Aus betrieblichen Gründen müssen wir einen Prozess voraussichtlich über mehrere Instanzen führen. Die Erfolgsaussichten sind äußerst gering. Folgende Kosten sind zu erwarten:

in der ersten Instanz	3.000,00 EUR bis 3.500,00 EUR
in der zweiten Instanz	4.500,00 EUR bis 5.000,00 EUR

Mit dem Urteil in der ersten Instanz ist im März nächsten Jahres zu rechnen.

Lösung:

Laut § 249 Abs. 1 HGB sind Rückstellungen für ungewisse Verbindlichkeiten zu bilden. Da nicht feststeht, ob es überhaupt zu einer zweiten Instanz kommt, können Rückstellungen nur für die erste Instanz gebildet werden. Wegen des Vorsichtsprinzips des § 252 Abs. 1 Nr. 4 HGB wird bei der Bildung der Rückstellungen die ungünstigste Kostenschätzung berücksichtigt, nämlich 3.500,00 EUR. Wegen des im § 5 Abs. 1 EStG festgelegten Maßgeblichkeitsprinzips gelten diese Regelungen auch für die Steuerbilanz.

Konto	Soll	Haben
4950/6825 Rechts- und Beratungskosten	3.500,00	
0970/3070 Sonstige Rückstellungen		3.500,00

181. Eine Hochrechnung unserer Absatzzahlen lässt darauf schließen, dass mit Bonuszahlungen an Kunden in Höhe von 7.000,00 EUR + 1.120,00 EUR USt zu rechnen ist. Feste Zusagen wurden gegenüber den Kunden jedoch noch nicht gemacht.

Lösung:

Laut § 249 Abs. 1 HGB sind Rückstellungen für ungewisse Verbindlichkeiten zu bilden. Wegen des im § 5 Abs. 1 EStG festgelegten Maßgeblichkeitsprinzips gilt diese Regelung auch für die Steuerbilanz. Eine Berichtigung der Umsatzsteuer gem. § 17 Abs. 1 UStG ist jedoch erst bei tatsächlicher Bonusgewährung möglich.

Konto	Soll	Haben
8700/4700 Erlösschmälerungen	7.000,00	
0970/3070 Sonstige Rückstellungen		7.000,00

182. Aufgrund vertraglicher Vereinbarungen mit dem Kunden Holzer müssen zum 31. Dezember Bonizahlungen in Höhe von 4 % des Nettoumsatzes erfolgen. Aus unserer Buchführung ist ersichtlich, dass sich unser Umsatz mit diesem Kunden auf 174.000,00 EUR (brutto, 16 %) beläuft. Buchen Sie zum 31. Dezember, wenn die Gutschriftsanzeige noch nicht erstellt worden ist!

Lösung:

Da hier vertragliche Vereinbarungen getroffen worden sind, handelt es sich nicht um ungewisse, sondern um tatsächliche Verbindlichkeiten. Es sind daher auch keine Rückstellungen zu bilden, vielmehr muss abgegrenzt werden. Da die Zahlung im neuen Jahr erfolgt, ist die Abgrenzung auf Grund von § 252 Abs. 1 Nr. 5 HGB durchzuführen. Ferner ist die Umsatzsteuer gem. § 17 Abs. 1 Satz 1 zu berichtigen. Der Nettobonus hat folgende Höhe:

4 % von 150.000,00 EUR = 6.000,00 EUR

Konto	Soll	Haben
8700/4700 Erlösschmälerungen	6.000,00	
1770/3800 Umsatzsteuer	960,00	
1700/3500 Sonstige Verbindlichkeiten		6.960,00

183. Wir rechnen im nächsten Jahr damit, dass uns aus einem schwebenden Exportgeschäft ein Verlust in Höhe von 10.000,00 EUR erwachsen wird. Durch Kursschwankungen wird der vereinbarte Erlös um diesen Betrag unter den Selbstkosten liegen. Zwecks einheitlicher Handels- und Steuerbilanz soll deshalb eine Rückstellung gebildet werden!

Lösung:

Laut § 5 Abs. 4a EStG dürfen keine Rückstellungen für drohende Verluste aus schwebenden Geschäften gebildet werden, weshalb keine Rückstellungsbuchung vorgenommen werden darf. Hierbei wird das Maßgeblichkeitsprinzip des § 5 Abs. 1 EStG durchbrochen.

Benötigte Konten aus dem SKR03

0027	EDV-Software
0065	Unbebaute Grundstücke
0085	Grundstückswerte eigener bebauter Grundstücke
0090	Geschäftsbauten
0120	Anlagen im Bau
0210	Maschinen
0299	Geleistete Anzahlungen
0350	Lkw
0420	Büroeinrichtung
0480	Geringwertige Wirtschaftsgüter
0550	Darlehen
0630	Verbindlichkeiten gegenüber Kreditinstituten
0930	Sonderposten mit Rücklageanteil, steuerfreie Rücklagen
0955	Steuerrückstellungen
0970	Sonstige Rückstellungen
0980	Aktive Rechnungsabgrenzung
0986	Damnum/Disagio
0990	Passive Rechnungsabgrenzung
0996	Pauschalwertberichtigung zu Forderungen
0998	Einzelwertberichtigungen zu Forderungen
1000	Kasse
1200	Bank
1410	Forderungen aus Lieferungen und Leistungen
1460	Zweifelhafte Forderungen
1500	Sonstige Vermögensgegenstände
1510	Geleistete Anzahlungen auf Vorräte
1530	Forderung gegen Personal
1548	Vorsteuer im Folgejahr abziehbar
1560	Aufzuteilende Vorsteuer
1570	Abziehbare Vorsteuer
1572	Abziehbare Vorsteuer aus innergemeinschaftlichem Erwerb

1578	Abziehbare Vorsteuer nach § 13b UStG
1588	Bezahlte Einfuhrumsatzsteuer
1610	Verbindlichkeiten aus Lieferungen und Leistungen
1700	Sonstige Verbindlichkeiten
1710	Erhaltene Anzahlungen
1736	Verbindlichkeiten aus Betriebssteuern und -abgaben
1740	Verbindlichkeiten aus Lohn und Gehalt
1741	Verbindlichkeiten aus Lohn- und Kirchensteuer
1742	Verbindlichkeiten im Rahmen der sozialen Sicherheit
1748	Verbindlichkeiten aus Einbehaltungen von Arbeitnehmern
1750	Verbindlichkeiten aus Vermögensbildung
1770	Umsatzsteuer
1772	Umsatzsteuer aus innergemeinschaftlichem Erwerb
1785	Umsatzsteuer nach § 13b UStG
1800	Privatentnahmen allgemein
1890	Privateinlagen
2100	Zinsen und ähnliche Aufwendungen
2150	Aufwendungen aus Kursdifferenzen
2170	Nicht abziehbare Vorsteuer
2280	Steuernachzahlungen Vorjahre für Steuern vom Einkommen u. Ertrag
2284	Ertr. Auflösung von Rückstellungen für Steuern v. Einkommen u. Ertr.
2310	Anlagenabgänge Sachanlagen (Restbuchwert bei Buchverlust)
2315	Anlagenabgänge Sachanlagen (Restbuchwert bei Buchgewinn)
2340	Einstellung in Sonderposten mit Rücklageanteil (steuerfr. Rücklagen)
2350	Sonstige Grundstücksaufwendungen
2400	Forderungsverluste
2450	Einstellung in die Pauschalwertberichtigung zu Forderungen
2451	Einstellung in die Einzelwertberichtigung zu Forderungen
2650	Sonstige Zinsen und ähnliche Erträge
2660	Erträge aus Kursdifferenzen
2700	Sonstige betriebliche Erträge
2710	Erträge aus Zuschreibungen des Sachanlagevermögens
2730	Ertr. aus der Herabsetzung der Pauschalwertberichtigung zu Ford.
2731	Erträge aus der Herabsetzung der Einzelwertberichtigung zu Ford.

2732	Erträge aus abgeschriebenen Forderungen
2735	Erträge aus der Auflösung von Rückstellungen
2740	Erträge Auflösung von Sonderposten m.Rücklagenanteil (stfr. Rückl.)
2750	Grundstückserträge
3000	Einkauf von Roh-, Hilfs- und Betriebsstoffen
3100	Fremdleistungen
3125	Leistungen eines im Ausland ansässigen Unternehmers
3200	Wareneingang
3425	Innergemeinschaftlicher Erwerb
3700	Nachlässe
3725	Nachlässe aus innergemeinschaftlichem Erwerb
3800	Bezugsnebenkosten
3970	Roh-, Hilfs- und Betriebsstoffe (Bestand)
3980	Waren (Bestand)
4100	Löhne und Gehälter
4130	Gesetzliche soziale Aufwendungen
4140	Freiwillige soziale Aufwendungen, lohnsteuerfrei
4145	Freiwillige soziale Aufwendungen, lohnsteuerpflichtig
4149	Pauschale Steuer auf sonstige Bezüge
4170	Vermögenswirksame Leistungen
4175	Fahrtkostenerstattung Wohnung/Arbeitsstätte
4190	Aushilfslöhne
4199	Pauschale Steuer für Aushilfen
4200	Raumkosten
4260	Instandhaltung betrieblicher Räume
4320	Gewerbesteuer
4360	Versicherungen
4500	Fahrzeugkosten
4510	Kfz-Steuer
4630	Geschenke abzugsfähig
4635	Geschenke nicht abzugsfähig
4650	Bewirtungskosten
4654	Nicht abzugsfähige Bewirtungskosten
4655	Nicht abzugsfähige Betriebsausgaben

4660	Reisekosten Arbeitnehmer
4670	Reisekosten Unternehmer
4700	Kosten der Warenabgabe
4790	Aufwand für Gewährleistung
4809	Sonstige Reparaturen und Instandhaltung
4822	Abschreibungen auf immaterielle Vermögensgegenstände
4830	Abschreibungen auf Sachanlagen
4840	Außerplanmäßige Abschreibungen auf Sachanlagen
4855	Sofortabschreibungen geringwertiger Wirtschaftsgüter
4900	Sonstige betriebliche Aufwendungen
4920	Telefon
4940	Zeitschriften, Bücher
4950	Rechts- und Beratungskosten
4970	Nebenkosten des Geldverkehrs
7100	Fertige Erzeugnisse (Bestand)
8000	Umsatzerlöse
8120	Steuerfreie Umsätze § 4 Nr. 1a UStG
8125	Steuerfreie innergemeinschaftliche Lieferungen § 4 Nr. 1b UStG
8611	Verrechnete sonstige Sachbezüge 16 % USt (z. B. Kfz-Gestellung)
8614	Verrechnete sonstige Sachbezüge ohne Umsatzsteuer
8700	Erlösschmälerungen
8724	Erlösschmälerungen a. steuerfr. innergemeinschaftlichen Lieferungen
8801	Erlöse aus Verkäufen Sachanlagevermögen (bei Buchverlust)
8820	Erlöse aus Verkäufen Sachanlagevermögen (bei Buchgewinn)
8910	Entnahme durch Unternehmer (Waren)
8920	Verwendung v. Gegenständen f. Zwecke außerh. des Unternehmens
8924	Verw. v. Gegenst. f. Zwecke außerhalb des Unternehmens ohne USt
8925	Unentgeltliche Erbringung einer sonstigen Leistung
8935	Unentgeltliche Zuwendung von Gegenständen
8939	Unentgeltliche Zuwendung von Gegenständen ohne USt
8950	Nicht steuerbare Umsätze
8980	Bestandsveränderungen - fertige Erzeugnisse
8990	Andere aktivierte Eigenleistungen

Benötigte Konten aus dem SKR04

0135	EDV-Software
0215	Unbebaute Grundstücke
0235	Grundstückswerte eigener bebauter Grundstücke
0240	Geschäftsbauten
0440	Maschinen
0540	Lkw
0650	Büroeinrichtung
0670	Geringwertige Wirtschaftsgüter
0700	Geleistete Anzahlungen
0700	Anlagen im Bau
0940	Darlehen
1000	Roh-, Hilfs- und Betriebsstoffe (Bestand)
1100	Fertige Erzeugnisse (Bestand)
1140	Waren (Bestand)
1180	Geleistete Anzahlungen auf Vorräte
1210	Forderungen aus Lieferungen und Leistungen
1240	Zweifelhafte Forderungen
1246	Einzelwertberichtigungen zu Forderungen
1248	Pauschalwertberichtigung zu Forderungen
1300	Sonstige Vermögensgegenstände
1340	Forderung gegen Personal
1400	Abziehbare Vorsteuer
1402	Abziehbare Vorsteuer aus innergemeinschaftlichem Erwerb
1408	Abziehbare Vorsteuer nach § 13b UStG
1410	Aufzuteilende Vorsteuer
1433	Bezahlte Einfuhrumsatzsteuer
1434	Vorsteuer im Folgejahr abziehbar
1600	Kasse
1800	Bank
1900	Aktive Rechnungsabgrenzung
1940	Damnum/Disagio

2100	Privatentnahmen allgemein
2180	Privateinlagen
2980	Sonderposten mit Rücklageanteil, steuerfreie Rücklagen
3020	Steuerrückstellungen
3070	Sonstige Rückstellungen
3150	Verbindlichkeiten gegenüber Kreditinstituten
3250	Erhaltene Anzahlungen
3310	Verbindlichkeiten aus Lieferungen und Leistungen
3500	Sonstige Verbindlichkeiten
3700	Verbindlichkeiten aus Betriebssteuern und -abgaben
3720	Verbindlichkeiten aus Lohn und Gehalt
3725	Verbindlichkeiten aus Einbehaltungen von Arbeitnehmern
3730	Verbindlichkeiten aus Lohn- und Kirchensteuer
3740	Verbindlichkeiten im Rahmen der sozialen Sicherheit
3770	Verbindlichkeiten aus Vermögensbildung
3800	Umsatzsteuer
3802	Umsatzsteuer aus innergemeinschaftlichem Erwerb
3835	Umsatzsteuer nach § 13b UStG
3900	Passive Rechnungsabgrenzung
4000	Umsatzerlöse
4120	Steuerfreie Umsätze § 4 Nr. 1a UStG
4125	Steuerfreie innergemeinschaftliche Lieferungen § 4 Nr. 1b UStG
4620	Entnahme durch Unternehmer (Waren)
4639	Verwendung v. Gegenst. f. Zwecke außerh. d. Unternehmens o. USt
4640	Verwendung v. Gegenständen f. Zwecke außerhalb d. Unternehmens
4660	Unentgeltliche Erbringung einer sonstigen Leistung
4686	Unentgeltliche Zuwendung von Gegenständen
4689	Unentgeltliche Zuwendung von Gegenständen ohne USt
4690	Nicht steuerbare Umsätze
4700	Erlösschmälerungen
4724	Erlösschmälerungen aus steuerfr. innergemeinschaftl. Lieferungen
4800	Bestandsveränderungen - fertige Erzeugnisse
4820	Andere aktivierte Eigenleistungen
4830	Sonstige betriebliche Erträge

4840	Erträge aus Kursdifferenzen
4845	Erlöse aus Verkäufen Sachanlagevermögen (bei Buchgewinn)
4855	Anlagenabgänge Sachanlagen (Restbuchwert bei Buchgewinn)
4860	Grundstückserträge
4910	Erträge aus Zuschreibungen des Sachanlagevermögens
4920	Erträge aus der Herabsetzung der Pauschalwertberichtigung zu Ford.
4923	Erträge aus der Herabsetzung der Einzelwertberichtigung zu Ford.
4925	Erträge aus abgeschriebenen Forderungen
4930	Erträge aus der Auflösung von Rückstellungen
4935	Erträge Auflösung v. Sonderposten m. Rücklagenanteil (stfr. Rückl.)
4947	Verrechnete sonstige Sachbezüge 16 % USt (z. B. Kfz-Gestellung)
4949	Verrechnete sonstige Sachbezüge ohne Umsatzsteuer
5100	Einkauf von Roh-, Hilfs- und Betriebsstoffen
5200	Wareneingang
5425	Innergemeinschaftlicher Erwerb
5700	Nachlässe
5725	Nachlässe aus innergemeinschaftlichem Erwerb
5800	Bezugsnebenkosten
5900	Fremdleistungen
5925	Leistungen eines im Ausland ansässigen Unternehmers
6000	Löhne und Gehälter
6030	Aushilfslöhne
6040	Pauschale Steuer für Aushilfen
6060	Freiwillige soziale Aufwendungen, lohnsteuerpflichtig
6069	Pauschale Steuer auf sonstige Bezüge
6080	Vermögenswirksame Leistungen
6090	Fahrtkostenerstattung Wohnung/Arbeitsstätte
6110	Gesetzliche soziale Aufwendungen
6130	Freiwillige soziale Aufwendungen, lohnsteuerfrei
6200	Abschreibungen auf immaterielle Vermögensgegenstände
6220	Abschreibungen auf Sachanlagen
6230	Außerplanmäßige Abschreibungen auf Sachanlagen
6260	Sofortabschreibungen geringwertiger Wirtschaftsgüter
6300	Sonstige betriebliche Aufwendungen

6305	Raumkosten
6335	Instandhaltung betrieblicher Räume
6350	Sonstige Grundstücksaufwendungen
6400	Versicherungen
6490	Sonstige Reparaturen und Instandhaltung
6500	Fahrzeugkosten
6610	Geschenke abzugsfähig
6620	Geschenke nicht abzugsfähig
6640	Bewirtungskosten
6644	Nicht abzugsfähige Bewirtungskosten
6645	Nicht abzugsfähige Betriebsausgaben
6650	Reisekosten Arbeitnehmer
6670	Reisekosten Unternehmer
6700	Kosten der Warenabgabe
6790	Aufwand für Gewährleistung
6805	Telefon
6820	Zeitschriften, Bücher
6825	Rechts- und Beratungskosten
6855	Nebenkosten des Geldverkehrs
6860	Nicht abziehbare Vorsteuer
6880	Aufwendungen aus Kursdifferenzen
6885	Erlöse aus Verkäufen Sachanlagevermögen (bei Buchverlust)
6895	Anlagenabgänge Sachanlagen (Restbuchwert bei Buchverlust)
6920	Einstellung in die Pauschalwertberichtigung zu Forderungen
6923	Einstellung in die Einzelwertberichtigung zu Forderungen
6925	Einstellung in Sonderposten mit Rücklageanteil (steuerfr. Rücklagen)
6930	Forderungsverluste
7100	Sonstige Zinsen und ähnliche Erträge
7300	Zinsen und ähnliche Aufwendungen
7610	Gewerbesteuer
7640	Steuernachzahlungen Vorjahre für Steuern vom Einkommen und Ertr.
7644	Erträge Auflösung v. Rückstellungen f. Steuern v. Einkommen u. Ertr.
7685	Kfz-Steuer

Printed by Printforce, the Netherlands